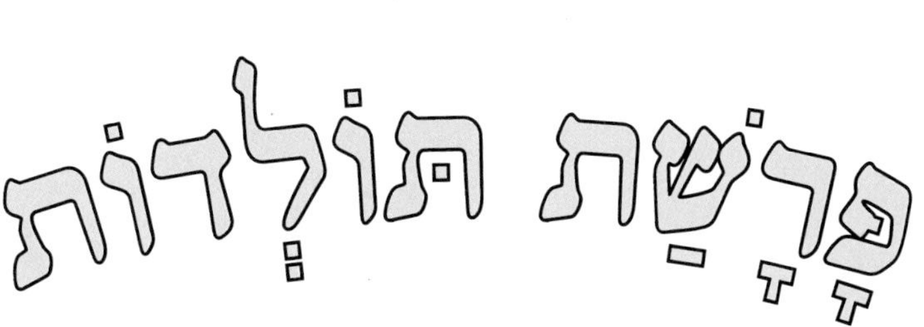

חוֹבֶרֶת לְמִידָה

MaToK: The Bible Curriculum Project of the Solomon Schechter Day Schools
A joint project of
The United Synagogue of Conservative Judaism and
The Jewish Theological Seminary of America
MaToK is made possible by a generous grant from the
Jim Joseph Foundation

Project Directors:
Dr. Robert Abramson, Director
Department of Education, United Synagogue of Conservative Judaism

Dr. Steven M. Brown, Director
Melton Research Center for Jewish Education
The Jewish Theological Seminary of America

Dr. Deborah Uchill Miller, Project Director and Editor

All correspondence and inquiries should be directed to the Department of Education, United Synagogue of Conservative Judaism,
155 Fifth Ave., NY, NY 10010

Edited and Produced by CET-LE Team:

Project Director and Pedagogical Editor: Zohar Harkov
Linguistic Editor: Shoshi Miran

Graphic Designer: Yael Rimon
Illustrations: Udi Taub, Studio Aesthetics
Computers and DTP Assistance: Roni Meiron

Production: Bilha Shamir
Publishing Coordinator: Gadi Nachmias

CET-LE Learning Environments, for the home (2002) Ltd, 16 Klausner St.
P.O.B. 39513, Tel-Aviv 61394, Israel
Tel. 972-3-6460165, http://www.cet.ac.il

ISBN: 978-0-8381-0077-6

We gratefully acknowledge the guidance of The MaToK Deliberation Team:

Charlotte Abramson, Solomon Schechter Day School of Essex and Union
Dr. Bonnie Botel-Sheppard, Penn-Literacy Network
Rabbi Neil Gillman, Jewish Theological Seminary of America
Charlotte Glass, Solomon Schechter Day Schools of Chicago
Dr. Tikva Frymer-Kensky, University of Chicago
Dr. Kathryn Hirsh-Pasek, Temple University
Dr. Steven Lorch, Solomon Schechter Day School of Manhattan
Dr. Ora Horn Prouser, Academy for Jewish Religion, New York
Rabbi Benjamin Scolnic, Temple Beth Sholom, Hamden, CT

Curriculum Writers:

Head Writer: Marcia Lapidus Kaunfer

Charlotte Abramson
Gila Azrad
Rabbi Greta Brown
Mimi Brandwein
Heather Fiedler
Rebecca Friedman
Orly Gonen
Rabbi Pamela Gottfried
Penina Grossberg
Sally Hendelman
Rabbi Brad Horwitz
Rabbi Elana Kanter
Naamit Kurshan
Dr. Deborah Uchill Miller
Ellen Rank
Ami Sabari
Rabbi Jon Spira-Savett
Miriam Taub
Laura Wiseman

Special thanks to Ricky Stamler-Goldberg, Jewish Studies Coordinator,
and the following Torah teachers of Solomon Schechter Day School
of Bergen County, for their help in preparing this booklet:
Chaya Wolkin, Richard Mayer, Debbie Bejar

Artwork: Experimental edition
Arielle Miller-Timen, Karen Ostrove

Translation:
Michele Alperin, Mira Bashan, Ruthie Bashan, Dahlia Helfgott-Hai, Hannah Livneh, Micki Targum

We wish to thank the following for permission to reprint:
Davkawriter: Images of Israel: © 2001
Persky Elias, *Haver LaTorah*, New York: KTAV Publishing, 1964.
Weintraub Simkha, *Five Easy Steps to "Cracking" Almost any Rashi.*

We dedicate this student study book to the memory of

תקוה סימון בת חיים ברוך הלוי ואליזה

רַבִּי מֵאִיר אוֹמֵר: כָּל הָעוֹסֵק בַּתּוֹרָה לִשְׁמָהּ, זוֹכֶה לִדְבָרִים הַרְבֵּה; וְלֹא עוֹד, אֶלָּא שֶׁכָּל הָעוֹלָם כֻּלּוֹ כְּדַאי הוּא לוֹ. נִקְרָא: רֵעַ, אָהוּב, אוֹהֵב אֶת הַמָּקוֹם, אוֹהֵב אֶת הַבְּרִיּוֹת, מְשַׂמֵּחַ אֶת הַמָּקוֹם, מְשַׂמֵּחַ אֶת הַבְּרִיּוֹת.

Rabbi Meir said: whoever engages in the study of Torah for its own sake achieves a host of merits; moreover, it was worth creating the world for his sake alone. That one is called: beloved friend, lover of God, lover of humanity, a joy to God, a joy to humanity. (Avot 6:1)

As an academic advisor to MaToK. Tikva's inspiring teaching of Torah, care about pedagogy, and supportive collegiality is a treasure we carry with us as we continue our work. She was an encouraging friend and joy to learn with and from.

תֹּכֶן הָעִנְיָנִים

פָּרָשַׁת תּוֹלְדוֹת

פֶּרֶק כ"ה

תּוֹלְדוֹת הַמִּשְׁפָּחָה

פֶּרֶק כ"ה פְּסוּקִים י"ט–כ'

י"ט וְאֵלֶּה תּוֹלְדֹת[1] יִצְחָק בֶּן-אַבְרָהָם,
אַבְרָהָם הוֹלִיד אֶת-יִצְחָק.

כ' וַיְהִי יִצְחָק בֶּן-אַרְבָּעִים שָׁנָה
בְּקַחְתּוֹ[2] אֶת-רִבְקָה בַּת-בְּתוּאֵל הָאֲרַמִּי מִפַּדַּן אֲרָם,
אֲחוֹת לָבָן הָאֲרַמִּי
לוֹ לְאִשָּׁה[3].

[1] **וְאֵלֶּה תּוֹלְדֹת** (י-ל-ד): זֶה הַסִּפּוּר עַל "מִי יָלַד אֶת מִי".

[2] **בְּקַחְתּוֹ** (ל-ק-ח): כַּאֲשֶׁר הוּא לָקַח

[3] **בְּקַחְתּוֹ... לְאִשָּׁה:** כַּאֲשֶׁר הוּא לָקַח אִשָּׁה, הִתְחַתֵּן

בְּבַקָּשָׁה:

- **סַמְּנוּ** בְּצֶבַע וָרֹד אֶת הַשֵּׁמוֹת שֶׁל הַדְּמֻיּוֹת.

- הַשֵּׁמוֹת הֵם: ________ ________
________ ________.

- **הַשְׁלִימוּ:**

אַבְרָהָם הוּא אַבָּא שֶׁל ________.

יִצְחָק לָקַח אֶת ________ לְאִשָּׁה.

רִבְקָה הִיא הַבַּת שֶׁל ________ הָאֲרַמִּי.

רִבְקָה הִיא הָאָחוֹת שֶׁל ________.

לָבָן
רִבְקָה
יִצְחָק
יִשְׁמָעֵאל
אֵשֶׁת בְּתוּאֵל
בְּתוּאֵל
שָׂרָה
אַבְרָהָם

מָה ה' אוֹמֵר לְרִבְקָה?

פֶּרֶק כ"ה פְּסוּקִים כ"א–כ"ג

כ"א וַיֶּעְתַּר[1] יִצְחָק לַה' לְנֹכַח[2] אִשְׁתּוֹ
כִּי עֲקָרָה[3] הוא (הִיא),
וַיֵּעָתֶר[4] לוֹ ה'
וַתַּהַר[5] רִבְקָה אִשְׁתּוֹ.

כ"ב וַיִּתְרֹצְצוּ[6] הַבָּנִים בְּקִרְבָּהּ[7]
וַתֹּאמֶר: "אִם-כֵּן לָמָּה זֶּה אָנֹכִי",
וַתֵּלֶךְ לִדְרֹשׁ[8] אֶת-ה'.

כ"ג וַיֹּאמֶר ה' לָהּ:
"שְׁנֵי גֹיִים[9] בְּבִטְנֵךְ[10]
וּשְׁנֵי לְאֻמִּים[11] מִמֵּעַיִךְ יִפָּרֵדוּ[12],
וּלְאֹם מִלְאֹם יֶאֱמָץ[13]
וְרַב[14] יַעֲבֹד[15] צָעִיר"[16].

1 **וַיֶּעְתַּר:** בִּקֵּשׁ requested
2 **לְנֹכַח:** בִּשְׁבִיל
3 **עֲקָרָה:** לֹא יְכוֹלָה לָלֶדֶת יְלָדִים not able to give birth
4 **וַיֵּעָתֶר:** נָתַן אֶת מָה שֶׁהוּא בִּקֵּשׁ
5 **וַתַּהַר:** הָיְתָה בְּהֵרָיוֹן
6 **וַיִּתְרֹצְצוּ:** דָּחֲפוּ זֶה אֶת זֶה were pushing each other
7 **בְּקִרְבָּהּ:** inside her
8 **לִדְרֹשׁ:** לִשְׁאֹל
9 **גֹיִים:** עַמִּים
10 **בְּבִטְנֵךְ:** בַּבֶּטֶן שֶׁלָּךְ
11 **לְאֻמִּים:** עַמִּים
12 **מִמֵּעַיִךְ יִפָּרֵדוּ:** מֵהַבֶּטֶן שֶׁלָּךְ יֵצְאוּ
13 **וּלְאֹם מִלְאֹם יֶאֱמָץ:** עַם אֶחָד יִהְיֶה יוֹתֵר חָזָק מֵהָעָם הָאַחֵר.
14 **רַב:** בֵּן בְּכוֹר, נוֹלַד רִאשׁוֹן firstborn
15 **יַעֲבֹד** (ע-ב-ד): יִהְיֶה הָעֶבֶד שֶׁל...
16 **צָעִיר:** בֵּן קָטָן

לִקְרֹא... לִמְצֹא... לְהַשְׁלִים... (פְּסוּקִים כ"א-כ"ג)

בְּבַקָּשָׁה:

1 **סַמְּנוּ** בְּצֶבַע צָהֹב אֶת דִּבְרֵי ה' לְרִבְקָה.

2 אֵיךְ כָּתוּב בִּלְשׁוֹן הַתּוֹרָה? **הַשְׁלִימוּ**:

2א. רִבְקָה לֹא יְכוֹלָה לָלֶדֶת: "__________ הִיא".

2ב. רִבְקָה הָיְתָה בְּהֵרָיוֹן: "__________ __________".

2ג. הַבָּנִים שֶׁל רִבְקָה דָּחֲפוּ זֶה אֶת זֶה:

"__________ __________ __________".

2ד. רִבְקָה הוֹלֶכֶת לִשְׁאֹל אֶת ה':

"__________ __________ __________ __________".

הַפָּסוּק הוּא: "...וְרַב יַעֲבֹד צָעִיר".

3 בְּפָסוּק כ"ג כָּתוּב:

שְׁנֵי גֹיִים בְּבִטְנֵךְ

וּשְׁנֵי לְאֻמִּים מִמֵּעַיִךְ יִפָּרֵדוּ

3א. **כִּתְבוּ** אֶת הַמִּלִּים הַדּוֹמוֹת:

"שְׁנֵי גֹיִים":

"בְּבִטְנֵךְ":

4 בְּפָסוּק כ"ג כָּתוּב:

וּלְאֹם מִלְאֹם יֶאֱמָץ

וְרַב יַעֲבֹד צָעִיר

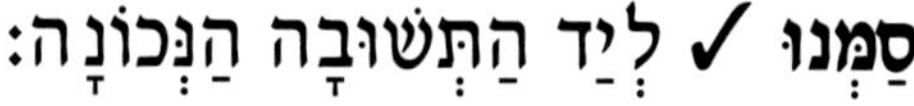

סַמְּנוּ ✓ לְיַד הַתְּשׁוּבָה הַנְּכוֹנָה:

☐ הָאָח הַצָּעִיר יַעֲבֹד אֶת הָאָח הַבְּכוֹר.

☐ הָאָח הַבְּכוֹר יַעֲבֹד אֶת הָאָח הַצָּעִיר.

5 לְדַעְתְּכֶם: רִבְקָה שׁוֹמַעַת מֵה' דָּבָר טוֹב אוֹ דָּבָר רַע?

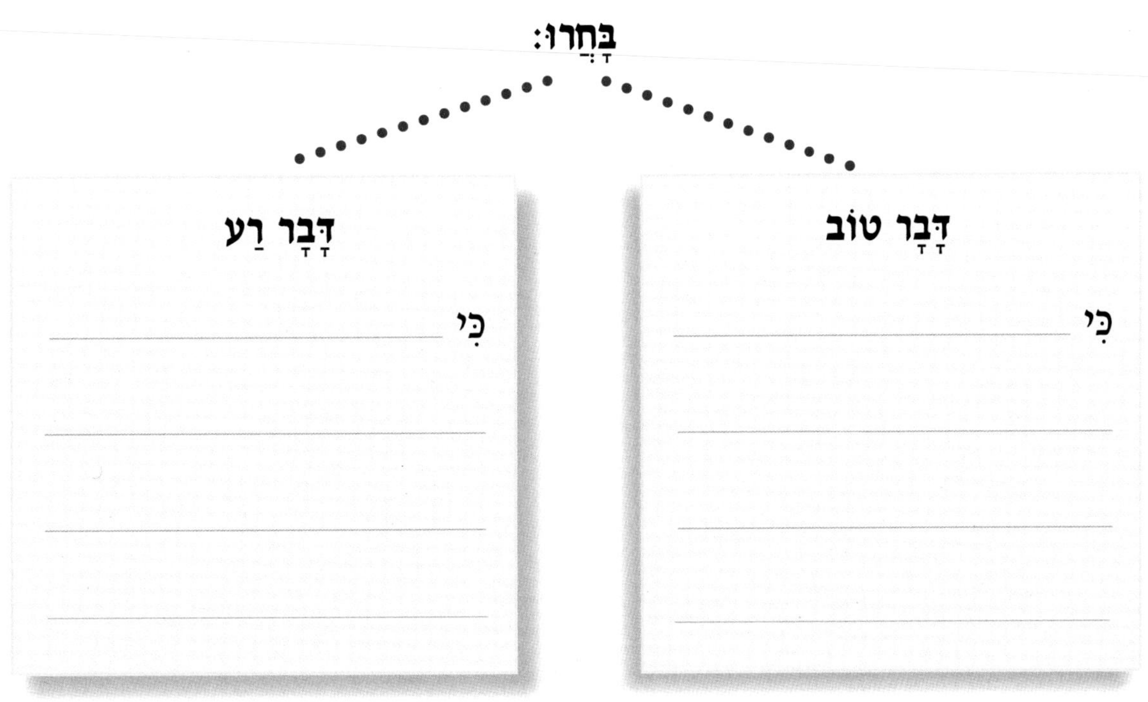

פְּסוּקִים כ"א-כ"ב

6 **כִּתְבוּ** בִּלְשׁוֹן הַתּוֹרָה:

בִּלְשׁוֹנֵנוּ	בִּלְשׁוֹן הַתּוֹרָה
הִיא אָמְרָה	
הִיא הָלְכָה	
הִיא הָיְתָה בְּהֵרָיוֹן	

מִי יוֹצֵא רִאשׁוֹן?

פֶּרֶק כ"ה פְּסוּקִים כ"ד–כ"ח

כ"ד וַיִּמְלְאוּ יָמֶיהָ[1] לָלֶדֶת[2],
וְהִנֵּה תוֹמִם[3] בְּבִטְנָהּ[4].

כ"ה וַיֵּצֵא הָרִאשׁוֹן אַדְמוֹנִי[5] כֻּלּוֹ כְּאַדֶּרֶת שֵׂעָר[6],
וַיִּקְרְאוּ שְׁמוֹ עֵשָׂו.

כ"ו וְאַחֲרֵי-כֵן יָצָא אָחִיו וְיָדוֹ אֹחֶזֶת[7] בַּעֲקֵב[8] עֵשָׂו
וַיִּקְרָא שְׁמוֹ יַעֲקֹב,
וְיִצְחָק בֶּן-שִׁשִּׁים שָׁנָה בְּלֶדֶת אֹתָם.

כ"ז וַיִּגְדְּלוּ[9] הַנְּעָרִים
וַיְהִי עֵשָׂו אִישׁ יֹדֵעַ צַיִד[10] אִישׁ שָׂדֶה[11],
וְיַעֲקֹב אִישׁ תָּם[12] יֹשֵׁב אֹהָלִים.

כ"ח וַיֶּאֱהַב יִצְחָק אֶת-עֵשָׂו כִּי-צַיִד בְּפִיו[13],
וְרִבְקָה אֹהֶבֶת אֶת-יַעֲקֹב.

1 **וַיִּמְלְאוּ יָמֶיהָ:** כְּשֶׁהִגִּיעַ הַזְּמַן
when the time came

2 **לָלֶדֶת** (י-ל-ד): to give birth

3 **תוֹמִם:** תְּאוֹמִים twins

4 **בְּבִטְנָהּ:** בַּבֶּטֶן שֶׁלָּהּ

5 **אַדְמוֹנִי** (א-ד-מ): redhead

6 **כְּאַדֶּרֶת שֵׂעָר:** שָׂעִיר hairy

7 **אֹחֶזֶת** (א-ח-ז): מַחְזִיקָה
holding onto

8 **עֲקֵב** (ע-ק-ב):

9 **וַיִּגְדְּלוּ** (ג-ד-ל): הֵם גָּדְלוּ

10 **יֹדֵעַ צַיִד:** צַיָּד hunter

11 **אִישׁ שָׂדֶה:** אִישׁ שֶׁחַי בַּשָּׂדֶה.
שָׂדֶה field

12 **אִישׁ תָּם:** אִישׁ פָּשׁוּט simple man

13 **כִּי-צַיִד בְּפִיו:**
hunted food was in his mouth

הַפָּסוּק הוּא: ____________________

____

____

הַפָּסוּק הוּא: ____________________

____

____

לִקְרֹא... לִמְצֹא... לְהַשְׁלִים... (פְּסוּקִים כ"ד-כ"ח)

בְּבַקָּשָׁה:

1 **סַמְּנוּ** בְּעַמּוּד 12 בְּצֶבַע וָרֹד אֶת הַשֵּׁם "עֵשָׂו".

1א. הַשֵּׁם "עֵשָׂו" חוֹזֵר ______ פְּעָמִים.

2 **סַמְּנוּ** בְּצֶבַע יָרֹק אֶת הַשֵּׁם "יַעֲקֹב".

2א. הַשֵּׁם "יַעֲקֹב" חוֹזֵר ______ פְּעָמִים.

3 הַדְּמֻיּוֹת בִּפְסוּקִים כ"ד-כ"ח: ______ ______ .

4 **הַשְׁלִימוּ**:

4א. רִבְקָה יוֹלֶדֶת שְׁנֵי בָּנִים "______".

4ב. עֵשָׂו יָצָא "______ כֻּלּוֹ".

4ג. יַעֲקֹב יָצָא "וְיָדוֹ אֹחֶזֶת ______ ______".

5 **הַשְׁלִימוּ** בַּצִּיּוּר בְּעַמּוּד 7 אֶת הַשֵּׁמוֹת.

6 **הַשְׁלִימוּ:**

עֵשָׂו	יַעֲקֹב
"אִישׁ יֹדֵעַ צַיִד"	" "
" "	"יֹשֵׁב אֹהָלִים"
"וַיֶּאֱהַב יִצְחָק אֶת-עֵשָׂו"	" "

7 **צַיְּרוּ** אֶת הַדְּמוּת הַמַּתְאִימָה לַצִּיּוּר:

8 **סַמְּנוּ** ✓ לְיַד הַמִּלָּה הַנְּכוֹנָה:

עֵשָׂו וְיַעֲקֹב הֵם: ☐ תְּאוֹמִים דּוֹמִים ☐ תְּאוֹמִים שׁוֹנִים

9 עַל מִי נֶאֱמַר? **הַשְׁלִימוּ:**

וַיִּמְלְאוּ יָמֶיהָ לָלֶדֶת

אִישׁ תָּם

יַעֲקֹב

וַיֶּאֱהַב... אֶת עֵשָׂו

וַיֵּצֵא הָרִאשׁוֹן אַדְמוֹנִי

אֹהֶבֶת אֶת-יַעֲקֹב

וְאַחֲרֵי-כֵן יָצָא אָחִיו

אִישׁ שָׂדֶה

יֹשֵׁב אֹהָלִים

אִישׁ יֹדֵעַ צַיִד

10 **בְּ**פָסוּק כ"ג **בְּ**עַמּוּד 8 כָּתוּב: "וְרַב יַעֲבֹד צָעִיר." **הַשְׁלִימוּ:**

"רַב" הוּא ____________ . "צָעִיר" הוּא ____________ .

10א. **סַמְּנוּ** ✓ עַל יַד הַמִּשְׁפָּט הַנָּכוֹן:

☐ יַעֲקֹב יַעֲבֹד אֶת עֵשָׂו.

☐ עֵשָׂו יַעֲבֹד אֶת יַעֲקֹב.

פְּסוּקִים כ"ד-כ"ח

11 **הַשְׁלִימוּ:**

בִּלְשׁוֹנֵנוּ	בִּלְשׁוֹן הַתּוֹרָה	שֶׁל מִי?
הַיָּמִים שֶׁלָּהּ	יָמֶיהָ	
	בְּבִטְנָהּ	
	שְׁמוֹ	עֵשָׂו, יַעֲקֹב
	אָחִיו	
	וְיָדוֹ	

12 **הַשְׁלִימוּ:**

בִּלְשׁוֹן הַתּוֹרָה	הַשֹּׁרֶשׁ	בִּלְשׁוֹנֵנוּ	מִי?
		הוּא יָצָא	
	ק-ר-א	הֵם קָרְאוּ	
וַיִּגְדְּלוּ			
וַיֶּאֱהַב			יִצְחָק

13 בְּפָסוּק כ"ח כָּתוּב:

וַיֶּאֱהַב יִצְחָק אֶת-עֵשָׂו כִּי-צַיִד בְּפִיו,

וְרִבְקָה אֹהֶבֶת אֶת-יַעֲקֹב.

הַשְׁלִימוּ: יִצְחָק אוֹהֵב אֶת עֵשָׂו כִּי "__________ __________."

(missing)

13א. מָה חָסֵר בַּפָּסוּק עַל רִבְקָה?

בַּפָּסוּק חָסֵר: ____________________

כִּי ____________________

____

14 כִּתְבוּ אֶת הַסִּפּוּר שֶׁל פְּסוּקִים כ"ד-כ"ח עִם הַמִּלִּים הָאֵלֶּה:

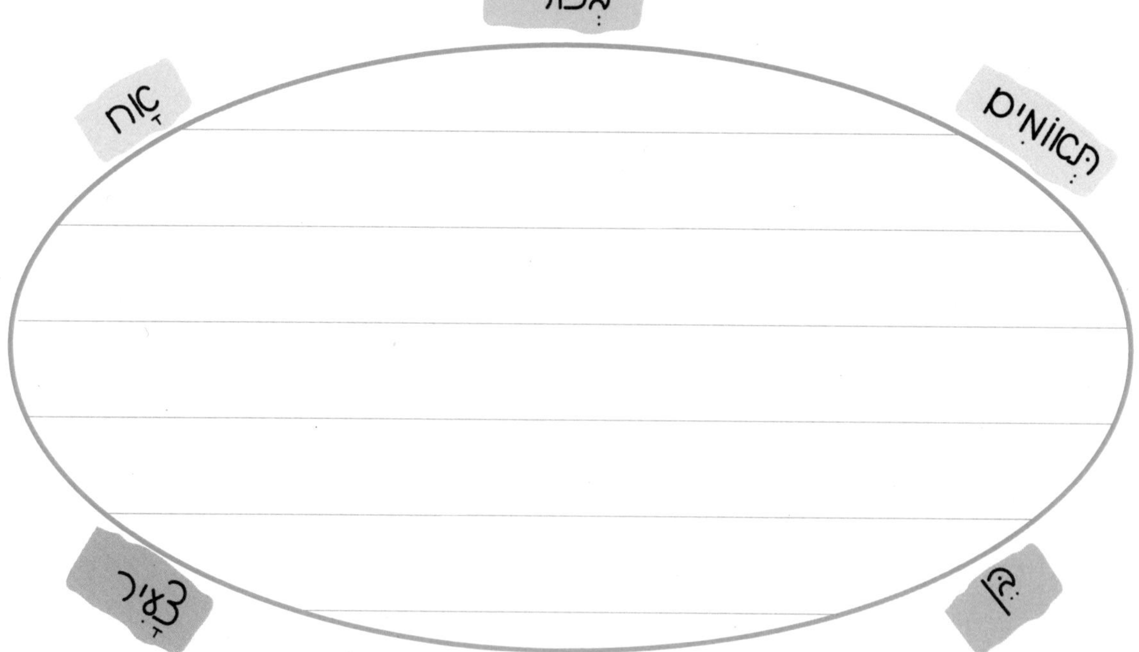

לַחְשֹׁב... לְהָבִין... לְהַרְגִּישׁ... (פְּסוּקִים כ"ד-כ"ח)

1 הַאִם לְדַעְתְּכֶם רִבְקָה לֹא אוֹהֶבֶת אֶת עֵשָׂו?

2 מָה לְדַעְתְּכֶם הִרְגִּישׁוּ הָאַחִים זֶה אֶל זֶה? **בַּחֲרוּ** אֶת הַמִּלָּה הַמַּתְאִימָה.

☐ אַהֲבָה
☐ **אֲדִישׁוּת** (apathy – doesn't care at all)
☐ קִנְאָה (jealousy)
☐ שִׂנְאָה

לְדַעְתִּי הֵם הִרְגִּישׁוּ ______ כִּי ______

3 מָה לְדַעְתְּכֶם יִקְרֶה בַּמִּשְׁפָּחָה?

שֶׁל מִי תִּהְיֶה הַבְּכוֹרָה?

פֶּרֶק כ"ה פְּסוּקִים כ"ט-ל"ד

כ"ט וַיָּזֶד[1] יַעֲקֹב נָזִיד,
וַיָּבֹא עֵשָׂו מִן-הַשָּׂדֶה וְהוּא עָיֵף[2].

ל' וַיֹּאמֶר עֵשָׂו אֶל-יַעֲקֹב:
"הַלְעִיטֵנִי[3] נָא מִן-הָאָדֹם[4] הָאָדֹם הַזֶּה
כִּי עָיֵף אָנֹכִי[5]",
עַל-כֵּן[6] קָרָא-שְׁמוֹ אֱדוֹם.

1 **וַיָּזֶד... נָזִיד:** הֵכִין מָרָק
2 **עָיֵף:** tired
3 **הַלְעִיטֵנִי:** feed me a lot
4 **הָאָדֹם:** הַדָּבָר הָאָדֹם
5 **אָנֹכִי:** אֲנִי
6 **עַל-כֵּן:** therefore

הַפָּסוּק הוּא: ______

ל"א וַיֹּאמֶר יַעֲקֹב:
"מִכְרָה[7] כַיּוֹם[8] אֶת-בְּכֹרָתְךָ[9] לִי".

ל"ב וַיֹּאמֶר עֵשָׂו:
"הִנֵּה אָנֹכִי הוֹלֵךְ לָמוּת,
וְלָמָּה-זֶּה לִי בְּכֹרָה".

ל"ג וַיֹּאמֶר יַעֲקֹב:
"הִשָּׁבְעָה[10] לִי כַּיּוֹם"
וַיִּשָּׁבַע[11] לוֹ,
וַיִּמְכֹּר[12] אֶת-בְּכֹרָתוֹ לְיַעֲקֹב.

ל"ד וְיַעֲקֹב נָתַן לְעֵשָׂו לֶחֶם וּנְזִיד עֲדָשִׁים
וַיֹּאכַל וַיֵּשְׁתְּ וַיָּקָם וַיֵּלַךְ,
וַיִּבֶז[13] עֵשָׂו אֶת-הַבְּכֹרָה.

7 **מִכְרָה** (מ-כ-ר): sell

8 **כַּיּוֹם:** עַכְשָׁו

9 **בְּכֹרָתְךָ:** הַבְּכוֹרָה שֶׁלְּךָ
your birthright

10 **הִשָּׁבְעָה** (ש-ב-ע): swear

11 **וַיִּשָּׁבַע** (ש-ב-ע): נִשְׁבַּע שְׁבוּעָה
he swore

12 **וַיִּמְכֹּר** (מ-כ-ר): he sold

13 **וַיִּבֶז:** הוּא בִּיזָּה he despised

לִקְרֹא... לִמְצֹא... לְהַשְׁלִים... (פְּסוּקִים כ"ט-ל"ד)

בְּבַקָּשָׁה:

1 בְּעַמּוּדִים 20–21: **מִתְחוּ** קַו צָהֹב מִתַּחַת לַדְּבָרִים שֶׁעֵשָׂו אוֹמֵר.

1א. **מִתְחוּ** קַו יָרֹק מִתַּחַת לַדְּבָרִים שֶׁיַּעֲקֹב אוֹמֵר.

1ב. הַדְּמֻיּוֹת בַּקֶּטַע הֵן: ________ וְ________.

2 **כִּתְבוּ** בִּלְשׁוֹנֵנוּ:

עֵשָׂו חוֹזֵר מִן הַ________. יַעֲקֹב עוֹשֶׂה ________.

3 **הַקִּיפוּ** בְּמַעְגָּל כָּחֹל אֶת הַמִּלִּים מִן הַשֹּׁרֶשׁ **ב-כ-ר** (בְּכוֹרָה).

3א. מִלִּים מִן הַשֹּׁרֶשׁ **ב-כ-ר** חוֹזְרוֹת ______ פְּעָמִים.

4 **הַקִּיפוּ** בְּמַעְגָּל וָרֹד אֶת הַמִּלִּים מִן הַשֹּׁרֶשׁ **מ-כ-ר**.

4א. מִלִּים מִן הַשֹּׁרֶשׁ **מ-כ-ר** חוֹזְרוֹת ______ פְּעָמִים.

5 **הַשְׁלִימוּ:**

יַעֲקֹב אוֹמֵר לְעֵשָׂו: "________ כַּיּוֹם אֶת ________ לִי". (פָּסוּק ל"א)

עַל עֵשָׂו כָּתוּב: "________ ________ ________ לְיַעֲקֹב".
(פָּסוּק ל"ג)

6 אֲנַחְנוּ יוֹדְעִים שֶׁעֵשָׂו רוֹצֶה מְאֹד לֶאֱכֹל.

הַשְׁלִימוּ וְכִתְבוּ אֶת מִסְפַּר הַפָּסוּק:

"________ ________ מִן־הָאָדֹם הָאָדֹם הַזֶּה". פָּסוּק ________ .

7 אֲנַחְנוּ יוֹדְעִים שֶׁהַבְּכוֹרָה לֹא חֲשׁוּבָה לְעֵשָׂו.

הַשְׁלִימוּ:

- בְּפָסוּק ________ כָּתוּב: "הִנֵּה אָנֹכִי הוֹלֵךְ לָמוּת

________ ________ ________ ________."

- בְּפָסוּק ל"ד כָּתוּב: "________ עֵשָׂו ________ ________."

8 **כִּתְבוּ:**

עֵשָׂו ________ אֶת הַבְּכוֹרָה לְיַעֲקֹב.

יַעֲקֹב ________ אֶת הַבְּכוֹרָה מֵעֵשָׂו

בִּמְחִיר שֶׁל ________________ .

- נְזִיד עֲדָשִׁים
- מוֹכֵר
- קוֹנֶה

(that describe)

9 **סַמְּנוּ** בְּעַמּוּד 21 בְּצֶבַע יָרֹק אֶת הַפְּעָלִים הַמְּתָאֲרִים אֵיךְ עֵשָׂו מִתְנַהֵג. (פָּסוּק ל"ד)

9א. הַפְּעָלִים הֵם: וַ______ וַ______ וַ______

וַ______ וַ______

9ב. **סַמְּנוּ** ✓ לְיַד הַתְּשׁוּבָה הַנְּכוֹנָה, לְדַעְתְּכֶם:

עֵשָׂו אָכַל אֶת הָאֹכֶל ☐ מַהֵר

☐ לְאַט

9ג. **קִרְאוּ** בְּקוֹל אֶת הַפְּעָלִים שֶׁכְּתַבְתֶּם בִּשְׁאֵלָה 9א (מַהֵר אוֹ לְאַט).

10 **כִּתְבוּ:** עֵשָׂו מָכַר אֶת הַבְּכוֹרָה וְקִבֵּל ______ ______.

10א. סַמְּנוּ ✓ לְיַד הַתְּשׁוּבָה הַנְּכוֹנָה:

הוּא מָכַר אֶת הַבְּכוֹרָה: ☐ בְּזוֹל for a low price

☐ בְּיֹקֶר for a high price

11 עַל הִתְנַהֲגוּת עֵשָׂו כָּתוּב:

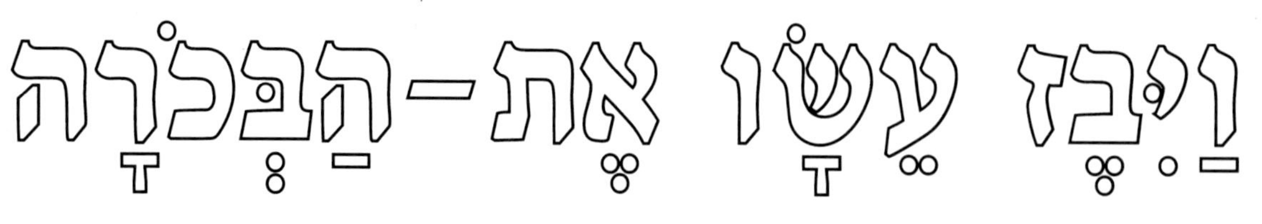

צִבְעוּ בִּצְבָעִים מַתְאִימִים.

12 **הַשְׁלִימוּ:**

הַפֹּעַל	הַשֹּׁרֶשׁ	בִּלְשׁוֹנֵנוּ
	ב-ו-א	
וַיִּשָּׁבַע	ש-ב-ע	הוּא נִשְׁבַּע
	מ-כ-ר	
	א-כ-ל	
	ש-ת-ה	
	ה-ל-ך	

13 **כִּתְבוּ** בִּלְשׁוֹנֵנוּ אֶת הַשִּׂיחָה בֵּין עֵשָׂו לְיַעֲקֹב:

עֵשָׂו: ______

יַעֲקֹב: ______

עֵשָׂו: ______

יַעֲקֹב: ______

14 נְסַכֵּם:

14א. **כִּתְבוּ** אֶת הַמִּלִּים וּתְקַבְּלוּ אֶת הַסִּפּוּר בְּקִצּוּר.

14ב. **כִּתְבוּ** אֶת מִסְפַּר הַפָּסוּק עַל יַד הַצִּיּוּר.

14ג. **צַיְּרוּ** צִיּוּר מַתְאִים.

14ד. **צַיְּרוּ** מִסְגֶּרֶת מַתְאִימָה.

יַעֲקֹב מֵכִין ______ ______.

פָּסוּק כ״ט ______

עֵשָׂו בָּא מִן הַשָּׂדֶה וְהוּא ______ מְאֹד.

פָּסוּק ______

עֵשָׂו מְבַקֵּשׁ מִיַּעֲקֹב שֶׁיִּתֵּן לוֹ ________ .

פָּסוּק ________

יַעֲקֹב מְבַקֵּשׁ מֵעֵשָׂו שֶׁיִּמְכֹּר לוֹ אֶת הַ________ .

פָּסוּק ________

עֵשָׂו ________ לְיַעֲקֹב אֶת הַבְּכוֹרָה.

פָּסוּק ________

לַחְשֹׁב... לְהָבִין... לְהַרְגִּישׁ... (פְּסוּקִים כ"ט-ל"ד)

בְּבַקָּשָׁה:

1 לָמָּה חָשׁוּב לָדַעַת שֶׁעֵשָׂו הָיָה עָיֵף מְאֹד?

חָשׁוּב לָדַעַת, כִּי ______________________________

____

____

2 שְׁנֵי הָאַחִים מִתְעוֹרְרִים (wake up) בַּבֹּקֶר. עַל מָה הֵם חוֹשְׁבִים?

כִּתְבוּ בִּלְשׁוֹנֵנוּ:

3 צַיְּרוּ:

אֵיךְ מַרְגִּישׁ יַעֲקֹב?

אֵיךְ מַרְגִּישׁ עֵשָׂו?

4 הַאִם יַעֲקֹב גָּנַב אֶת הַבְּכוֹרָה?

לְדַעְתִּי, יַעֲקֹב גָּנַב,

כִּי ______________________

____

____

לְדַעְתִּי, יַעֲקֹב לֹא גָּנַב,

כִּי ______________________

____

____

פֶּרֶק כ"ז

מָה רִבְקָה שׁוֹמַעַת?

פֶּרֶק כ"ז פְּסוּקִים א'–ה'

א' וַיְהִי כִּי–זָקֵן יִצְחָק
וַתִּכְהֶיןָ עֵינָיו מֵרְאֹת[1],
וַיִּקְרָא אֶת–עֵשָׂו בְּנוֹ הַגָּדֹל
וַיֹּאמֶר אֵלָיו: "בְּנִי"
וַיֹּאמֶר אֵלָיו: "הִנֵּנִי".

ב' וַיֹּאמֶר: "הִנֵּה–נָא זָקַנְתִּי,
לֹא יָדַעְתִּי יוֹם מוֹתִי[2].

ג' וְעַתָּה[3] שָׂא–נָא[4] כֵלֶיךָ[5] תֶּלְיְךָ[6] וְקַשְׁתֶּךָ[7],
וְצֵא הַשָּׂדֶה וְצוּדָה לִּי צָיִדה[8] (צָיִד).

ד' וַעֲשֵׂה–לִי מַטְעַמִּים[9] כַּאֲשֶׁר אָהַבְתִּי
וְהָבִיאָה לִּי וְאֹכֵלָה,
בַּעֲבוּר[10] תְּבָרֶכְךָ נַפְשִׁי[11] בְּטֶרֶם[12] אָמוּת".

1 **וַתִּכְהֶיןָ עֵינָיו מֵרְאֹת:** לֹא רָאָה טוֹב

2 **יוֹם מוֹתִי:** הַיּוֹם שֶׁבּוֹ אָמוּת

3 **וְעַתָּה:** וְעַכְשָׁו

4 **שָׂא–נָא** (נ-ש-א): קַח בְּבַקָּשָׁה

5 **כֵלֶיךָ:** כְּלֵי הַצַּיִד שֶׁלְּךָ implements

6 **תֶּלְיְךָ:**

7 **קַשְׁתֶּךָ:** הַקֶּשֶׁת שֶׁלְּךָ

8 **וְצוּדָה לִּי צָיִדה** (צַיִד): hunt some game for me

9 **מַטְעַמִּים** (ט-ע-מ): אֹכֶל טָעִים tasty

10 **בַּעֲבוּר:** בִּשְׁבִיל

11 **תְּבָרֶכְךָ נַפְשִׁי** (ב-ר-כ): הַנֶּפֶשׁ soul שֶׁלִּי תְּבָרֵךְ אוֹתְךָ.

12 **בְּטֶרֶם:** לִפְנֵי

ה׳ וְרִבְקָה שֹׁמַעַת בְּדַבֵּר[13] יִצְחָק אֶל-עֵשָׂו בְּנוֹ,
וַיֵּלֶךְ עֵשָׂו הַשָּׂדֶה לָצוּד צַיִד לְהָבִיא.

[13] **בְּדַבֵּר** (ד-ב-ר): כַּאֲשֶׁר (יִצְחָק) מְדַבֵּר

הַפָּסוּק הוּא: ....

לִקְרֹא... לִמְצֹא... לְהַשְׁלִים... (פְּסוּקִים א׳-ה׳)

בְּבַקָּשָׁה:

1 **פָּסוּק א׳:**

סַמְּנוּ בְּעַמּוּדִים 30–31 בְּצֶבַע כָּחֹל אֶת הַשֵּׁם "יִצְחָק".

סַמְּנוּ בְּצֶבַע וָרֹד אֶת הַשֵּׁם "עֵשָׂו".

2 הַדְּמֻיּוֹת בִּפְסוּקִים א׳-ד׳ הֵן: ______________, ______________.

3 **פְּסוּקִים א׳-ד׳:**

הַקִּיפוּ בְּמַעְגָּל כָּחֹל אֶת וַיֹּאמֶר - שֶׁל יִצְחָק.

הַקִּיפוּ בְּמַעְגָּל וָרֹד אֶת וַיֹּאמֶר - שֶׁל עֵשָׂו.

4 **הַשְׁלִימוּ** בִּלְשׁוֹן הַתּוֹרָה. יִצְחָק הוּא:

- לֹא צָעִיר: "______________."
- לֹא רוֹאֶה טוֹב: "______________ ______________ ______________."

פָּסוּק ______.

5 **מִתְחוּ** קַו וָרֹד מִתַּחַת לְכָל הַפְּעֻלּוֹת שֶׁיִּצְחָק אוֹמֵר לְעֵשָׂו לַעֲשׂוֹת.

5א. **סַמְּנוּ** ✓ : לְעֵשָׂו יֵשׁ: ☐ מְעַט עֲבוֹדָה ☐ הַרְבֵּה עֲבוֹדָה

6 בְּפָסוּק ד' כָּתוּב:

"וַעֲשֵׂה ______ ______."

6א. **סַמְּנוּ** בְּצֶבַע כָּחֹל אֶת אוֹתִיּוֹת הַשֹּׁרֶשׁ בַּמִּלָּה **מַ טְ עַ מִּ י ם**.

(sense) (organ of the body)

7 **צַיְּרוּ** אֶת הָאֵיבָר הַמַּתְאִים לַחוּשׁ:

אֲנַחְנוּ יוֹדְעִים שֶׁלְּיִצְחָק יֵשׁ חוּשׁ

אֲנַחְנוּ יוֹדְעִים שֶׁלְּיִצְחָק אֵין חוּשׁ

- חוּשׁ רְאִיָּה (sight)
- חוּשׁ שְׁמִיעָה (hearing)
- חוּשׁ רֵיחַ
- חוּשׁ מִשּׁוּשׁ (touch)
- חוּשׁ טַעַם

8 **הַשְׁלִימוּ**: מָה הַדָּבָר הֶחָשׁוּב שֶׁרִבְקָה שׁוֹמַעַת?

"______ ______ ______ בְּטֶרֶם אָמוּת".

פָּסוּק ______.

- בְּרָכָה
- שׁוֹמַעַת
- מַטְעַמִּים
- זָקֵן
- צַיִד

9 **כִּתְבוּ**:

יִצְחָק ______.

הוּא אוֹמֵר לְעֵשָׂו שֶׁיָּצוּד לוֹ ______

וְיַעֲשֶׂה לוֹ ______ כְּדֵי שֶׁיִּתֵּן לוֹ אֶת הַ______.

רִבְקָה ______.

לַחְשֹׁב... לְהָבִין... לְהַרְגִּישׁ... (פְּסוּקִים א׳-ה׳)

בְּבַקָּשָׁה:

1 כָּתוּב בַּתּוֹרָה:

וַיֶּאֱהַב יִצְחָק אֶת-עֵשָׂו (פֶּרֶק כ״ה פָּסוּק כ״ח)

וַיִּקְרָא אֶת-עֵשָׂו בְּנוֹ הַגָּדֹל (פֶּרֶק כ״ז פָּסוּק א׳)

לְיִצְחָק יֵשׁ 2 סִבּוֹת לְבָרֵךְ אֶת עֵשָׂו:

סִבָּה 1: ______________________________

סִבָּה 2: ______________________________

2 עַל מָה לְדַעְתְּכֶם רִבְקָה חוֹשֶׁבֶת כַּאֲשֶׁר הִיא שׁוֹמַעַת? (רְאוּ פֶּרֶק כ״ה פָּסוּק כ״ג)

____

______________________________.

3 מָה יִצְחָק לֹא יוֹדֵעַ?

סַדְּרוּ אֶת הַמִּלִּים בַּסֵּדֶר הַנָּכוֹן וּתְקַבְּלוּ אֶת הַתְּשׁוּבָה.

יִצְחָק לֹא יוֹדֵעַ שֶׁ__________ __________

מָה שֶׁהוּא __________ לְ__________.

מָה רִבְקָה מְתַכְנֶנֶת?

פֶּרֶק כ"ז פְּסוּקִים ו'–י'

ו' וְרִבְקָה אָמְרָה אֶל-יַעֲקֹב בְּנָהּ לֵאמֹר[1]:
"הִנֵּה שָׁמַעְתִּי אֶת-אָבִיךָ
מְדַבֵּר אֶל-עֵשָׂו אָחִיךָ לֵאמֹר:

ז' 'הָבִיאָה[2] לִּי צַיִד וַעֲשֵׂה-לִי מַטְעַמִּים
וְאֹכֵלָה,
וַאֲבָרֶכְכָה[3] לִפְנֵי ה' לִפְנֵי מוֹתִי'.

ח' וְעַתָּה בְנִי שְׁמַע בְּקֹלִי לַאֲשֶׁר[4] אֲנִי מְצַוָּה[5] אֹתָךְ.

ט' לֶךְ-נָא אֶל-הַצֹּאן וְקַח-לִי מִשָּׁם
שְׁנֵי גְּדָיֵי עִזִּים[6] טֹבִים,
וְאֶעֱשֶׂה אֹתָם מַטְעַמִּים לְאָבִיךָ כַּאֲשֶׁר אָהֵב[7].

י' וְהֵבֵאתָ[8] לְאָבִיךָ וְאָכָל,
בַּעֲבֻר אֲשֶׁר יְבָרֶכְךָ לִפְנֵי מוֹתוֹ".

1 **לֵאמֹר** (א-מ-ר): saying
2 **הָבִיאָה** (ב-ו-א): אַתָּה תָּבִיא
3 **וַאֲבָרֶכְכָה** (ב-ר-כ): אֲנִי אֲבָרֵךְ אוֹתְךָ
4 **לַאֲשֶׁר**: לְמָה
5 **מְצַוָּה**: command
6 **גְּדָיֵי עִזִּים**:
7 **כַּאֲשֶׁר אָהֵב**: כְּמוֹ שֶׁהוּא אוֹהֵב
8 **וְהֵבֵאתָ** (ב-ו-א): אַתָּה תָּבִיא

לִקְרֹא... לִמְצֹא... לְהַשְׁלִים... (פְּסוּקִים ו'-י')

בְּבַקָּשָׁה:

1 פָּסוּק ו': **סַמְּנוּ** בְּעַמּוּד 35 בְּצֶבַע יָרֹק אֶת הַשֵּׁמוֹת שֶׁל הַדְּמֻיּוֹת.

1א. **כִּתְבוּ** אֶת הַשֵּׁמוֹת: רִבְקָה אוֹמֶרֶת לְ ________,

שֶׁהִיא שָׁמְעָה אֶת ________ אָבִיו מְדַבֵּר אֶל ________.

הַפָּסוּק הוּא: ________________

2 פָּסוּק ז': רִבְקָה אוֹמֶרֶת שֶׁשָּׁמְעָה 3 דְּבָרִים שֶׁיִּצְחָק אָמַר. **הַשְׁלִימוּ:**

"________ לִי צַיִד

וְ________ לִי מַטְעַמִּים וְאֹכֵלָה,

וְ________ לִפְנֵי ה' לִפְנֵי מוֹתִי".

(quotes)

2א. **כִּתְבוּ:** רִבְקָה מְצַטֶּטֶת אֶת דִּבְרֵי ________.

3 פְּסוּקִים א׳-י׳:

כִּתְבוּ אֶת הַפְּסוּקִים **וְסַמְּנוּ** בְּצֶבַע צָהֹב אֶת הַמִּלִּים הַדּוֹמוֹת.

יִצְחָק מְצַוֶּה עַל עֵשָׂו: מִפָּסוּק ______ עַד פָּסוּק ______	רִבְקָה מְצַטֶּטֶת אֶת יִצְחָק: פָּסוּק ______
וְעַתָּה שָׂא-נָא כֵלֶיךָ תֶּלְיְךָ וְקַשְׁתֶּךָ, וְצֵא הַשָּׂדֶה	
וְצוּדָה לִּי צָיִדה (צָיִד).	הָבִיאָה לִּי צַיִד
וַעֲשֵׂה-לִי מַטְעַמִּים כַּאֲשֶׁר אָהַבְתִּי	וַעֲשֵׂה-לִי מַטְעַמִּים
וְהָבִיאָה לִּי וְאֹכֵלָה, בַּעֲבוּר תְּבָרֶכְךָ נַפְשִׁי בְּטֶרֶם אָמוּת.	וְאֹכֵלָה, וַאֲבָרֶכְכָה לִפְנֵי ה׳ לִפְנֵי מוֹתִי.

3א. **כִּתְבוּ:** יַעֲקֹב לוֹמֵד מִדִּבְרֵי רִבְקָה שֶׁ ______________________

____

4 **סַמְּנוּ** בְּצֶבַע **וָרֹד** אֶת הַדְּבָרִים הַדּוֹמִים.

יִצְחָק מְצַוֶּה עַל עֵשָׂו: מִפָּסוּק ______ עַד פָּסוּק ______	רִבְקָה מְצַוָּה עַל יַעֲקֹב: מִפָּסוּק ______ עַד פָּסוּק ______
וְעַתָּה שָׂא-נָא כֵלֶיךָ תֶּלְיְךָ וְקַשְׁתֶּךָ	וְעַתָּה בְנִי שְׁמַע בְּקֹלִי לַאֲשֶׁר אֲנִי מְצַוָּה אֹתָךְ.
וְצֵא הַשָּׂדֶה	לֶךְ-נָא אֶל-הַצֹּאן
וְצוּדָה לִּי צָיִדה (צָיִד).	וְקַח-לִי מִשָּׁם שְׁנֵי גְּדָיֵי עִזִּים טֹבִים,
וַעֲשֵׂה-לִי מַטְעַמִּים כַּאֲשֶׁר אָהַבְתִּי	וְאֶעֱשֶׂה אֹתָם מַטְעַמִּים לְאָבִיךָ כַּאֲשֶׁר אָהֵב.
וְהָבִיאָה לִּי	וְהֵבֵאתָ לְאָבִיךָ
וְאֹכֵלָה,	וְאָכָל,
בַּעֲבוּר תְּבָרֶכְךָ נַפְשִׁי	בַּעֲבֻר אֲשֶׁר יְבָרֶכְךָ
בְּטֶרֶם אָמוּת.	לִפְנֵי מוֹתוֹ.

4א. מִן הַמִּלִּים הַדּוֹמוֹת אֲנַחְנוּ לוֹמְדִים שֶׁ:

- יִצְחָק מְתַכְנֵן לְבָרֵךְ אֶת ______________.
- רִבְקָה מְתַכְנֶנֶת שֶׁיִּצְחָק יְבָרֵךְ אֶת ______________.

5 **הַשְׁלִימוּ:**

יִצְחָק מְדַבֵּר עִם _______________ .

(quotes)

רִבְקָה מְצַטֶּטֶת אֶת דִּבְרֵי _______________ .

רִבְקָה מְצַוָּה עַל _______________ .

6 **סַמְּנוּ** ✓ לְיַד הַמִּלִּים הַנְּכוֹנוֹת:

יַעֲקֹב יוֹדֵעַ: שֶׁיִּצְחָק ☐ **רוֹצֶה** ☐ **לֹא רוֹצֶה** לְבָרֵךְ אֶת עֵשָׂו.

שֶׁרִבְקָה ☐ **רוֹצָה** ☐ **לֹא רוֹצָה** שֶׁיִּצְחָק יְבָרֵךְ אֶת יַעֲקֹב.

פְּעִילוּת לָשׁוֹן

7 **הַשְׁלִימוּ:**

	הַשֹּׁרֶשׁ	הַמִּלָּה	הַשְּׁאֵלָה	
פָּסוּק ח'	ש-מ-ע	שְׁמַע	מִי צָרִיךְ לִשְׁמֹעַ?	יַעֲקֹב
פָּסוּק ח'	צ-ו-ה		מִי מְצַוֶּה?	
פָּסוּק ט'		לֵךְ	מִי יֵלֵךְ אֶל הַצֹּאן?	
פָּסוּק ט'	ל-ק-ח		מִי יִקַּח עִזִּים?	
פָּסוּק ט'		וְאֶעֱשֶׂה	מִי יַעֲשֶׂה מַטְעַמִּים?	
פָּסוּק ט'		אָהֵב	מִי אוֹהֵב מַטְעַמִּים?	
פָּסוּק י'	ב-ו-א		מִי יָבִיא?	
פָּסוּק י'		וְאָכָל	מִי יֹאכַל?	
פָּסוּק י'		יְבָרֶכְךָ	מִי יְבָרֵךְ?	

לַחְשֹׁב... לְהָבִין... לְהַרְגִּישׁ... (פְּסוּקִים ו׳-י׳)

בְּבַקָּשָׁה:

1 בְּפֶרֶק כ״ה פָּסוּק כ״ג, כָּתוּב שֶׁה׳ אוֹמֵר לְרִבְקָה: וְרַב יַעֲבֹד צָעִיר

בְּפֶרֶק כ״ה פָּסוּק כ״ח כָּתוּב: וְרִבְקָה אוֹהֶבֶת אֶת יַעֲקֹב

לְרִבְקָה יֵשׁ 2 סִבּוֹת לְבָרֵךְ אֶת יַעֲקֹב:

סִבָּה 1: ______________________________

____

סִבָּה 2: ______________________________

____

2 יִצְחָק אוֹמֵר לְעֵשָׂו:

בַּעֲבוּר תְּבָרֶכְךָ נַפְשִׁי בְּטֶרֶם אָמוּת (פָּסוּק ד׳)

(changes)
רִבְקָה מְשַׁנָּה אֶת דִּבְרֵי יִצְחָק:

וַאֲבָרֶכְכָה לִפְנֵי ה׳ לִפְנֵי מוֹתִי (פָּסוּק ז׳)

(adds)
לָמָּה לְדַעְתְּכֶם רִבְקָה מוֹסִיפָה אֶת הַמִּלִּים ״לִפְנֵי ה׳״? ______________________________

____

הַאִם יִשְׁמַע יַעֲקֹב בְּקוֹל רִבְקָה?

פֶּרֶק כ״ז פְּסוּקִים י״א–י״ד

י״א וַיֹּאמֶר יַעֲקֹב אֶל-רִבְקָה אִמּוֹ:
״הֵן[1] עֵשָׂו אָחִי אִישׁ שָׂעִר[2]
וְאָנֹכִי אִישׁ חָלָק[3].

י״ב אוּלַי יְמֻשֵּׁנִי[4] אָבִי
וְהָיִיתִי בְעֵינָיו כִּמְתַעְתֵּעַ[5],
וְהֵבֵאתִי[6] עָלַי קְלָלָה[7] וְלֹא בְרָכָה״.

י״ג וַתֹּאמֶר לוֹ אִמּוֹ:
״עָלַי קִלְלָתְךָ[8] בְּנִי,
אַךְ[9] שְׁמַע בְּקֹלִי וְלֵךְ קַח-לִי״.

י״ד וַיֵּלֶךְ וַיִּקַּח וַיָּבֵא[10] לְאִמּוֹ,
וַתַּעַשׂ[11] אִמּוֹ מַטְעַמִּים כַּאֲשֶׁר אָהֵב אָבִיו.

1 **הֵן:** הִנֵּה
2 **שָׂעִר** (ש-ע-ר): מָלֵא שְׂעָרוֹת
3 **חָלָק:** הַהֵפֶךְ מִ״שָּׂעִיר״
4 **יְמֻשֵּׁנִי** (מ-ש-ש): יְמַשֵּׁשׁ אוֹתִי, יִגַּע בִּי will touch me
5 **וְהָיִיתִי בְעֵינָיו כִּמְתַעְתֵּעַ:** הוּא יַחְשֹׁב שֶׁאֲנִי רַמַּאי a sneak
6 **וְהֵבֵאתִי** (ב-ו-א): אֲנִי אָבִיא
7 **קְלָלָה:** הַהֵפֶךְ מִ״בְּרָכָה״
8 **עָלַי קִלְלָתְךָ:** your curse be upon me
9 **אַךְ:** רַק
10 **וַיָּבֵא** (ב-ו-א): הוּא הֵבִיא
11 **וַתַּעַשׂ** (ע-ש-ה): הִיא עָשְׂתָה

הַפָּסוּק הוּא: ____________

לִקְרֹא... לִמְצֹא... לְהַשְׁלִים... (פְּסוּקִים י״א-י״ד)

בְּבַקָּשָׁה:

1 **כִּתְבוּ:**

הַדְּמֻיּוֹת הַמְדַבְּרוֹת הֵן: ____________ וְ____________.

בְּעָיָה
problem

2 יַעֲקֹב אוֹמֵר שֶׁיֵּשׁ בְּעָיָה.

סַמְּנוּ בְּעַמּוּד 41 בְּצֶבַע צָהֹב אֶת הַבְּעָיָה.

3 **הַשְׁלִימוּ וְצַיְּרוּ:** יַעֲקֹב פּוֹחֵד שֶׁהוּא לֹא יַצְלִיחַ (succeed) כִּי:

עֵשָׂו הוּא "____________"

וְיַעֲקֹב הוּא "____________".

- (sight) רְאִיָּה
- (hearing) שְׁמִיעָה
- טַעַם
- (touch) מִשּׁוּשׁ
- רֵיחַ

4 בְּאֵילוּ חוּשִׁים יִצְחָק יָכֹל לְהִשְׁתַּמֵּשׁ (use)?

צַיְּרוּ אֶת הָאֵיבָרִים (organs of the body) הַמַּתְאִימִים לַחוּשִׁים:

חוּשׁ הַ____ חוּשׁ הַ____ חוּשׁ הַ____ חוּשׁ הַ____

5 אֲנַחְנוּ יוֹדְעִים שֶׁיַּעֲקֹב פּוֹחֵד מֵחוּשׁ הַ____________

כִּי כָּתוּב: "אוּלַי ____________ אָבִי". פָּסוּק ______.

6 **הַשְׁלִימוּ** אֶת הַסִּפּוּר:

יַעֲקֹב הוּא אִישׁ ________ וְעֵשָׂו הוּא אִישׁ ________ .

יַעֲקֹב פּוֹחֵד שֶׁאִם יִצְחָק ________ אוֹתוֹ,

הוּא יֵדַע שֶׁיַּעֲקֹב ________ אוֹתוֹ,

וְאָז הוּא ________ אוֹתוֹ וְלֹא ________ אוֹתוֹ.

(will curse)
- יְקַלֵּל
- יְמַשֵּׁשׁ
- יְבָרֵךְ
- שָׂעִיר

(is deceiving)
- מְרַמֶּה
- חָלָק

7 **סַמְּנוּ** בְּעַמּוּד 41 בְּצֶבַע יָרֹק מָה רִבְקָה מְצַוָּה עַל יַעֲקֹב לַעֲשׂוֹת. (פָּסוּק י"ג)

7א. רִבְקָה אוֹמֶרֶת לְיַעֲקֹב לַעֲשׂוֹת 3 דְּבָרִים, **הַשְׁלִימוּ**:

"אַךְ ________ ________

וְ________ ________ לִי".

8 **סַמְּנוּ** בְּעַמּוּד 41 בְּצֶבַע צָהֹב אֶת הַפְּעֻלּוֹת שֶׁיַּעֲקֹב עוֹשֶׂה. (פָּסוּק י"ד)

8א. יַעֲקֹב עוֹשֶׂה מָה שֶׁאִמּוֹ אוֹמֶרֶת לוֹ. **הַשְׁלִימוּ**:

" וַ________ וַ________ וַ________ לְאִמּוֹ".

פְּעִילוּת לָשׁוֹן

9 **הַשְׁלִימוּ**: (פָּסוּק י"ד)

בִּלְשׁוֹן הַתּוֹרָה:	בִּלְשׁוֹנֵנוּ:
וַיִּ☐☐	הוּא ☐☐☐
וַיִּ☐☐	הוּא ☐☐☐
וַיִּ☐☐	הוּא ☐☐☐☐

לַחְשֹׁב... לְהָבִין... לְהַרְגִּישׁ... (פְּסוּקִים י"א-י"ד)

בְּבַקָּשָׁה:

1 בְּפֶרֶק כ"ה פָּסוּק כ"ה כָּתוּב: שֶׁעֵשָׂו נוֹלַד שָׂעִיר: "כֻּלּוֹ כְּאַדֶּרֶת שֵׂעָר".

הַאִם הָיָה חָשׁוּב לָדַעַת אֶת זֶה כַּאֲשֶׁר עֵשָׂו נוֹלָד?

סַמְּנוּ ✓ : ☐ כֵּן ☐ לֹא

כִּי ____

1א. הַאִם חָשׁוּב לָדַעַת אֶת זֶה עַכְשָׁו? ☐ כֵּן ☐ לֹא

כִּי ____

____

2 **הַשְׁלִימוּ**: מָה הֵן הַמִּלִּים הַחוֹזְרוֹת שֶׁרִבְקָה אוֹמֶרֶת?

בְּפֶרֶק כ"ז פָּסוּק ח': "____________ ____________".

בְּפָסוּק י"ג: "____________ ____________".

2א. מַדּוּעַ לְדַעְתְּכֶם הִיא אוֹמֶרֶת פַּעֲמַיִם?

כִּי ____

____

____

3 הַשְׁלִימוּ:

רִבְקָה אוֹמֶרֶת: אִם אַבָּא יְקַלֵּל אוֹתְךָ, אָז "_________ _______________ בְּנִי".

פָּסוּק ______ .

3א. מָה לוֹמְדִים מִזֶּה עַל רִבְקָה כְּאִמָּא שֶׁל יַעֲקֹב?

____

____

_______________________________________ .

4 יַעֲקֹב שׁוֹמֵעַ אֶת רִבְקָה אִמּוֹ וְהוּא חוֹשֵׁב מָה לַעֲשׂוֹת:

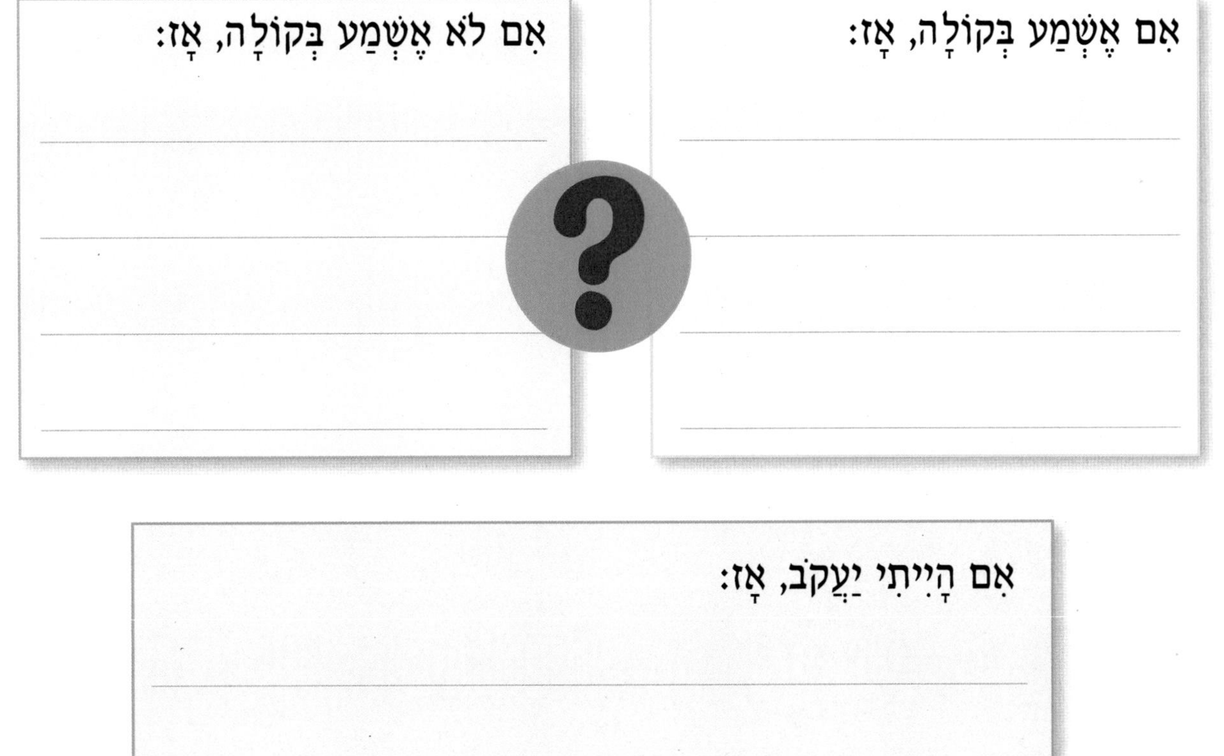

מָה רִבְקָה עוֹשָׂה?

פֶּרֶק כ"ז פְּסוּקִים ט"ו–י"ז

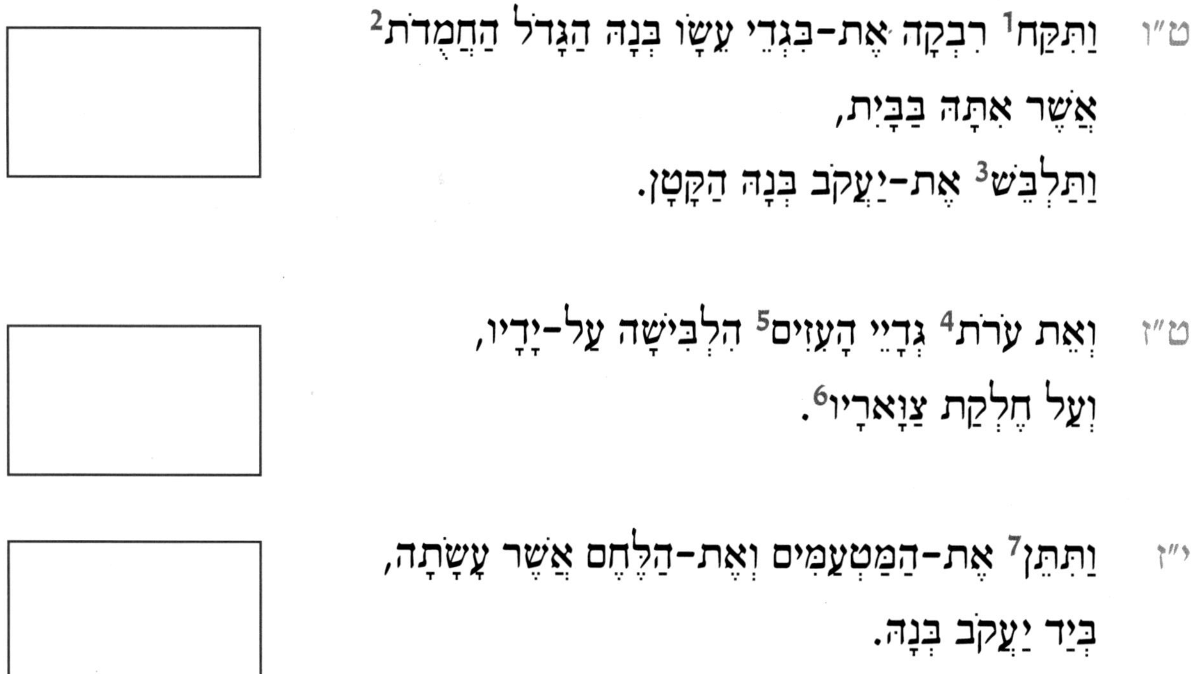

ט"ו וַתִּקַּח[1] רִבְקָה אֶת-בִּגְדֵי עֵשָׂו בְּנָהּ הַגָּדֹל הַחֲמֻדֹת[2]
אֲשֶׁר אִתָּהּ בַּבָּיִת,
וַתַּלְבֵּשׁ[3] אֶת-יַעֲקֹב בְּנָהּ הַקָּטָן.

ט"ז וְאֵת עֹרֹת[4] גְּדָיֵי הָעִזִּים[5] הִלְבִּישָׁה עַל-יָדָיו,
וְעַל חֶלְקַת צַוָּארָיו[6].

י"ז וַתִּתֵּן[7] אֶת-הַמַּטְעַמִּים וְאֶת-הַלֶּחֶם אֲשֶׁר עָשָׂתָה,
בְּיַד יַעֲקֹב בְּנָהּ.

1 **וַתִּקַּח** (ל-ק-ח): הִיא לָקְחָה

2 **בִּגְדֵי... הַחֲמֻדֹת:** בְּגָדִים יָפִים (בֶּגֶד)

3 **וַתַּלְבֵּשׁ** (ל-ב-ש): הִיא הִלְבִּישָׁה

4 **עֹרֹת:** skins

5 **גְּדָיֵי עִזִּים:**

6 **חֶלְקַת צַוָּארָיו:** הַצַּוָּאר (neck) הֶחָלָק שֶׁלּוֹ

7 **וַתִּתֵּן** (נ-ת-ן): הִיא נָתְנָה

■ **גִּזְרוּ** אֶת הַחֲלָקִים שֶׁל הַבֶּגֶד
וְהַלְבִּישׁוּ אֶת יַעֲקֹב.

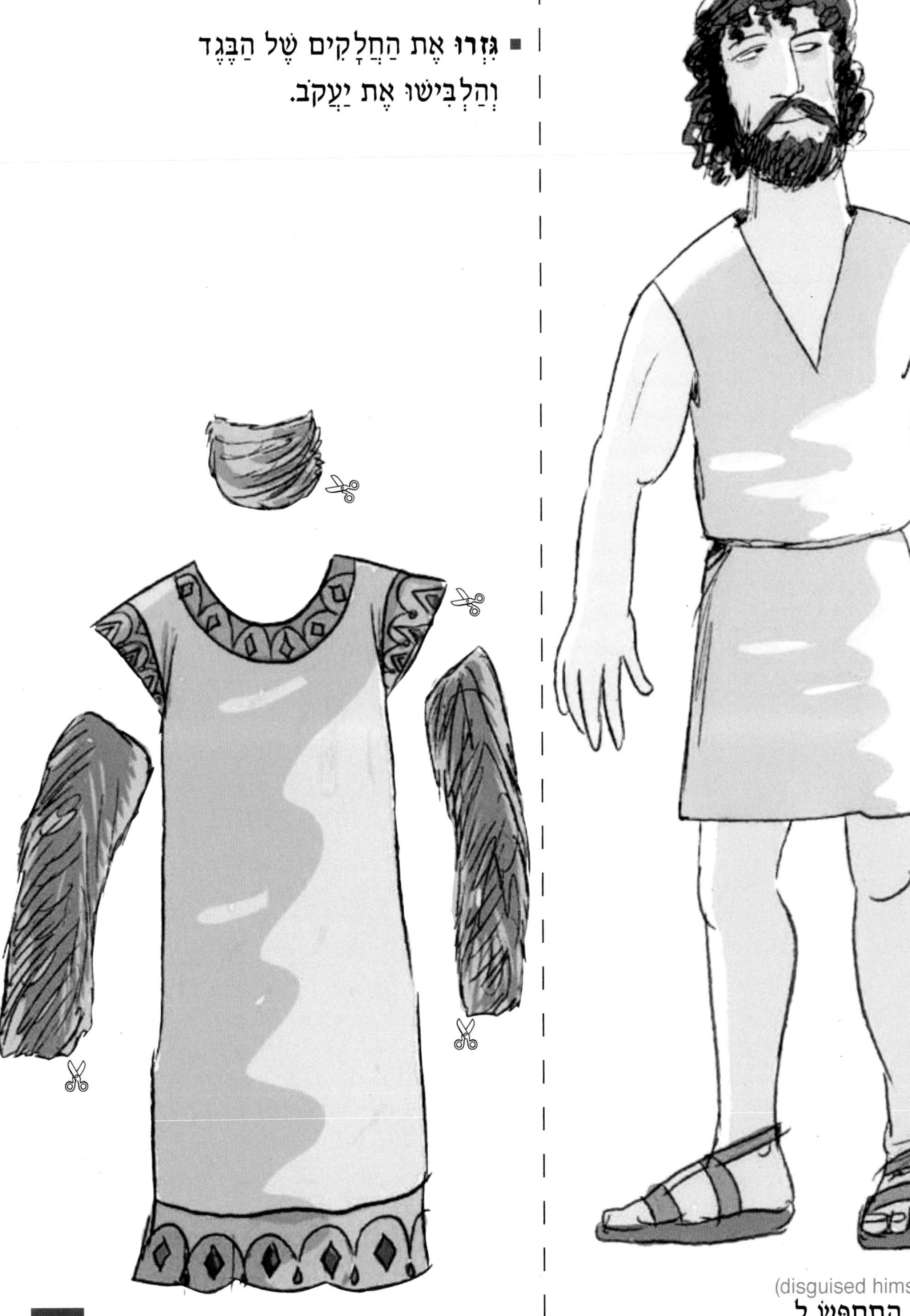

(disguised himself as)
■ יַעֲקֹב הִתְחַפֵּשׂ לְ

לִקְרֹא... לִמְצֹא... לְהַשְׁלִים... (פְּסוּקִים ט"ו-י"ז)

בְּבַקָּשָׁה:

1 הַדְּמֻיּוֹת בִּפְסוּקִים ט"ו-י"ז הֵן: ______ וְ______

2 **סַמְּנוּ** בְּעַמּוּד 46 בְּצֶבַע וָרֹד אֶת הַמִּלִּים מִן הַשֹּׁרֶשׁ **ל-ב-ש**.

3 **סַמְּנוּ** בְּצֶבַע צָהֹב אֶת הַמִּלָּה "בִּגְדֵי".

4 **סַדְּרוּ** אֶת הַמִּלִּים בַּסֵּדֶר הַנָּכוֹן וּתְקַבְּלוּ מָה רִבְקָה עוֹשָׂה.

______ ______ אֶת ______

(מִי?) (מָה הִיא עוֹשָׂה?) (אֶת מִי?)

בְּ______ שֶׁל ______.

- רִבְקָה
- יַעֲקֹב
- עֵשָׂו
- בְּגָדִים
- מַלְבִּישָׁה

(organs of the body)

5 בְּתוֹךְ כָּל רִבּוּעַ בְּעַמּוּד 46 **צַיְּרוּ** אֶת הָאֵיבָרִים הַמַּתְאִימִים לַחוּשִׁים.

6 **מִתְחוּ קַו** בֵּין הַמַּעֲשֶׂה לְבֵין הַחוּשׁ אוֹ הַחוּשִׁים.

הַמַּעֲשֶׂה שֶׁל רִבְקָה	הַחוּשׁ
מַלְבִּישָׁה בְּבִגְדֵי חֲמֻדוֹת	חוּשׁ הַטַּעַם
	חוּשׁ הָרֵיחַ
מַלְבִּישָׁה בְּעוֹרוֹת שֶׁל גְּדָיִים	חוּשׁ הַשְּׁמִיעָה
	חוּשׁ הָרְאִיָּה
נוֹתֶנֶת לְיַעֲקֹב מַטְעַמִּים וְלֶחֶם	חוּשׁ הַמִּשּׁוּשׁ

7 **צַיְּרוּ:** בַּתָּכְנִית שֶׁל רִבְקָה אֵין חוּשׁ ☐ וְאֵין חוּשׁ ☐

8 **הַקִּיפוּ** בְּעַמּוּד 46 בְּמַעְגָּל יָרֹק אֶת הַפְּעָלִים בִּנְקֵבָה הַמַּתְחִילִים בְּ: וַת...
(פְּסוּקִים ט"ו–י"ז)

8א. **הַשְׁלִימוּ:**

מִסְפַּר הַפָּסוּק	הַמִּלָּה בַּפָּסוּק	הַשֹּׁרֶשׁ	בִּלְשׁוֹנֵנוּ
ט"ו:	וַת	ל-ק-ח	
ט"ו:	וַת		
י"ז:	וַת		

לַחְשֹׁב... לְהָבִין... לְהַרְגִּישׁ... (פְּסוּקִים ט"ו-י"ז)

בְּבַקָּשָׁה:

1 **הַשְׁלִימוּ:**

הַכִּנּוּי שֶׁל עֵשָׂו: "__________ __________".

הַכִּנּוּי שֶׁל יַעֲקֹב: "__________ __________". (פָּסוּק ט"ו)

2 **הַשְׁלִימוּ:**

רִבְקָה לֹא רוֹצָה שֶׁ"בְּנָהּ הַ__________" יְקַבֵּל אֶת הַבְּרָכָה.

רִבְקָה רוֹצָה שֶׁ"בְּנָהּ הַ__________" יְקַבֵּל אֶת הַבְּרָכָה.

3 מָה לְדַעְתְּכֶם רִבְקָה מַרְגִּישָׁה - כְּאִמּוֹ שֶׁל הַבֵּן הַגָּדוֹל?

____

____

____

4 מָה לְדַעְתְּכֶם רִבְקָה מַרְגִּישָׁה - כְּאִמּוֹ שֶׁל הַבֵּן הַקָּטָן?

____

____

____

5 לִפְנֵי שֶׁיַּעֲקֹב הוֹלֵךְ אֶל יִצְחָק:

הַאִם יִצְחָק יַחְשֹׁד?

פֶּרֶק כ"ז פְּסוּקִים י"ח–כ"ז

י"ח וַיָּבֹא אֶל-אָבִיו

וַיֹּאמֶר: "אָבִי", ______

וַיֹּאמֶר: "הִנֶּנִּי מִי אַתָּה בְּנִי?" ______

י"ט וַיֹּאמֶר יַעֲקֹב אֶל-אָבִיו:

"אָנֹכִי עֵשָׂו בְּכֹרֶךָ[1]

עָשִׂיתִי כַּאֲשֶׁר[2] דִּבַּרְתָּ אֵלָי,

קוּם-נָא שְׁבָה[3] וְאָכְלָה[4] מִצֵּידִי בַּעֲבוּר תְּבָרְכַנִּי נַפְשֶׁךָ". ______

כ' וַיֹּאמֶר יִצְחָק אֶל-בְּנוֹ:

"מַה-זֶּה מִהַרְתָּ[5] לִמְצֹא[6] בְּנִי?" ______

וַיֹּאמֶר: "כִּי הִקְרָה[7] ה' אֱלֹהֶיךָ לְפָנָי". ______

כ"א וַיֹּאמֶר יִצְחָק אֶל-יַעֲקֹב:

"גְּשָׁה[8]-נָּא וַאֲמֻשְׁךָ[9] בְּנִי, ______

הַאַתָּה זֶה בְּנִי עֵשָׂו אִם-לֹא".

1 **בְּכֹרְךָ** (ב-כ-ר): הַבְּכוֹר שֶׁלְּךָ

2 **כַּאֲשֶׁר**: כְּמוֹ שֶׁ...

3 **שְׁבָה** (י-ש-ב): שֵׁב!

4 **וְאָכְלָה** (א-כ-ל): אֱכֹל!

5 **מִהַרְתָּ** (מ-ה-ר): you hurried

6 **לִמְצֹא** (מ-צ-א): to find

7 **הִקְרָה** (ק-ר-ה): made it happen

8 **גְּשָׁה** (נ-ג-ש): בּוֹא אֵלַי

9 **וַאֲמֻשְׁךָ**: אֲנִי אֲמַשֵּׁשׁ אוֹתְךָ
I will touch you

כ״ב וַיִּגַּשׁ[10] יַעֲקֹב אֶל-יִצְחָק אָבִיו וַיְמֻשֵּׁהוּ[11]
וַיֹּאמֶר: ״הַקֹּל קוֹל יַעֲקֹב וְהַיָּדַיִם יְדֵי עֵשָׂו״.

כ״ג וְלֹא הִכִּירוֹ[12] כִּי-הָיוּ יָדָיו כִּידֵי[13] עֵשָׂו אָחִיו שְׂעִרֹת,
וַיְבָרְכֵהוּ[14].

כ״ד וַיֹּאמֶר: ״אַתָּה זֶה בְּנִי עֵשָׂו״
וַיֹּאמֶר: ״אָנִי״.

כ״ה וַיֹּאמֶר: ״הַגִּשָׁה לִי וְאֹכְלָה מִצֵּיד בְּנִי
לְמַעַן תְּבָרֶכְךָ נַפְשִׁי״,
וַיַּגֶּשׁ-לוֹ וַיֹּאכַל וַיָּבֵא לוֹ יַיִן וַיֵּשְׁתְּ[15].

כ״ו וַיֹּאמֶר אֵלָיו יִצְחָק אָבִיו:
״גְּשָׁה-נָּא וּשְׁקָה[16]-לִּי בְּנִי״.

כ״ז וַיִּגַּשׁ וַיִּשַּׁק[17]-לוֹ וַיָּרַח[18] אֶת-רֵיחַ בְּגָדָיו
וַיְבָרְכֵהוּ,
וַיֹּאמֶר: ״רְאֵה רֵיחַ בְּנִי כְּרֵיחַ שָׂדֶה
אֲשֶׁר בֵּרְכוֹ ה׳״.

10 **וַיִּגַּשׁ** (נ-ג-ש): בָּא אֵלָיו
11 **וַיְמֻשֵּׁהוּ** (מ-ש-ש): נָגַע בּוֹ
12 **לֹא הִכִּירוֹ** (נ-כ-ר): לֹא הִכִּיר אוֹתוֹ
13 **כִּידֵי:** כְּמוֹ הַיָּדַיִם שֶׁל...
14 **וַיְבָרְכֵהוּ** (ב-ר-כ): הוּא בֵּרֵךְ אוֹתוֹ
15 **וַיֵּשְׁתְּ** (ש-ת-ה): הוּא שָׁתָה
16 **וּשְׁקָה** (נ-ש-ק): תֵּן לִי נְשִׁיקָה
17 **וַיִּשַּׁק** (נ-ש-ק): נָתַן לוֹ נְשִׁיקָה
18 **וַיָּרַח** (ר-י-ח): הוּא הֵרִיחַ

הַפָּסוּק הוּא: ______________________________

לִקְרֹא... לִמְצֹא... לְהַשְׁלִים... (פְּסוּקִים י"ח-כ"ז)

בְּבַקָּשָׁה:

1 **כִּתְבוּ:** הַדְּמֻיּוֹת הֵן: ________ ________

2 **כִּתְבוּ** בְּעַמּוּדִים 53–54 עַל הַקַּוִּים מִי מְדַבֵּר.

3 **סַמְּנוּ** בְּעַמּוּדִים 53–54 בְּצֶבַע וָרֹד אֶת הַמִּלָּה **בְּנִי**.

3א. הַמִּלָּה חוֹזֶרֶת ______ פְּעָמִים.

4 מַדּוּעַ לְדַעְתְּכֶם הַמִּלָּה חוֹזֶרֶת הַרְבֵּה פְּעָמִים?

____

____

5 **סַמְּנוּ** בְּצֶבַע צָהֹב אֶת הַמִּלִּים מִן הַשֹּׁרֶשׁ **ב-ר-כ**.

5א. הַמִּלָּה חוֹזֶרֶת ______ פְּעָמִים.

5ב. מַדּוּעַ לְדַעְתְּכֶם הַמִּלָּה חוֹזֶרֶת הַרְבֵּה פְּעָמִים?

____

____

6 **סַמְּנוּ** בְּצֶבַע יָרֹק אֶת הַשֵּׁם "יַעֲקֹב".

6א. הַשֵּׁם חוֹזֵר ______ פְּעָמִים.

7 מִי אוֹמֵר אֶת הַשֵּׁם "יַעֲקֹב"? **סַמְּנוּ** ✓ לְיַד הַתְּשׁוּבָה הַנְּכוֹנָה:

☐ יִצְחָק ☐ עֵשָׂו ☐ הַמְסַפֵּר

8 **סַמְּנוּ** בְּעַמּוּד 54–53 בְּצֶבַע כָּחֹל אֶת הַשֵּׁם "עֵשָׂו".

8א. הַשֵּׁם חוֹזֵר ______ פְּעָמִים.

9 כָּל פַּעַם שֶׁיִּצְחָק אוֹמֵר "בְּנִי" הוּא חוֹשֵׁב עַל ______.

10 **קִרְאוּ בְּקוֹל רָם** פְּסוּקִים י"ח–כ"ז (בְּעַמּוּדִים 54–53)

וּבִמְקוֹם הַמִּלָּה "בְּנִי" **אִמְרוּ** אֶת שֵׁם הַבֵּן שֶׁיִּצְחָק **אוֹהֵב**.

11 **הַשְׁלִימוּ**: (יַעֲקֹב, עֵשָׂו)

יִצְחָק חוֹשֵׁב שֶׁהוּא מְבָרֵךְ אֶת **בְּנוֹ** ______, אֲבָל הוּא מְבָרֵךְ אֶת

בְּנוֹ ______.

12 פָּסוּק כ"ב – **הַשְׁלִימוּ**:

- אֲנַחְנוּ יוֹדְעִים שֶׁהַקּוֹל שֶׁיִּצְחָק שׁוֹמֵעַ הוּא הַקּוֹל שֶׁל ______,

  כִּי כָּתוּב: "______ ______ ______."

  (feels)
- אֲנַחְנוּ יוֹדְעִים שֶׁהַיָּדַיִם שֶׁיִּצְחָק מְמַשֵּׁשׁ דּוֹמוֹת לַיָּדַיִם שֶׁל ______,

  כִּי כָּתוּב: "______ ______ ______."

(the tension)

יִצְחָק חוֹשֵׁד - הַמֶּתַח עוֹלֶה ↑

יִצְחָק מְבָרֵךְ - הַמֶּתַח יוֹרֵד ↓

וַיְבָרְכֵהוּ

ד

שֵׁ

וֹ

ח

ק

חָ

צְ

יִ

יַעֲקֹב בָּא אֶל יִצְחָק כְּדֵי שֶׁיְבָרֵךְ אוֹתוֹ

הַבְּרָכָה לְיַעֲקֹב

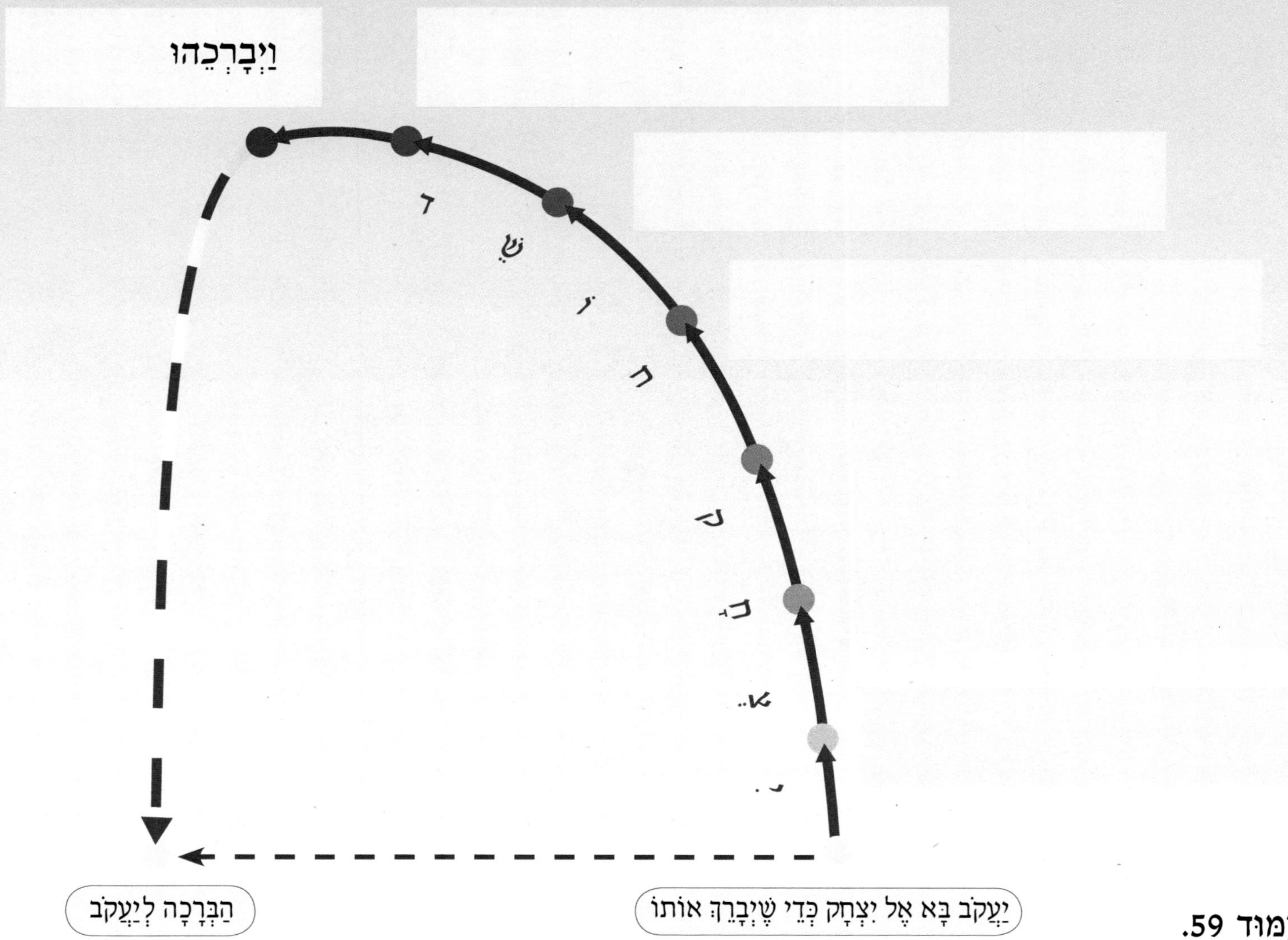

■ רְאוּ עַמּוּד 59.

13 גִּזְרוּ וְהַדְבִּיקוּ לְפִי הַסֵּדֶר הַנָּכוֹן בְּעַמּוּד 58.

מַה-זֶּה מִהַרְתָּ לִמְצֹא בְּנִי

הַקֹּל קוֹל יַעֲקֹב וְהַיָּדַיִם יְדֵי עֵשָׂו

אַתָּה זֶה בְּנִי עֵשָׂו

גְּשָׁה-נָּא וּשְׁקָה-לִּי, בְּנִי

וַיָּרַח אֶת-רֵיחַ בְּגָדָיו

גְּשָׁה-נָּא וַאֲמֻשְׁךָ בְּנִי...

גִּזְרוּ וְהַדְבִּיקוּ בְּעַמּוּד 82.

תַּשְׁבֵּץ

1. הָאָח הַצָּעִיר הוּא...
2. יַעֲקֹב הָיָה "יוֹשֵׁב...
3. אִמָּא שֶׁל הַתְּאוֹמִים הִיא...
4. הָאָח שֶׁל רִבְקָה הוּא...
5. יִצְחָק אָהַב אֶת...
6. רִבְקָה אָהֲבָה אֶת...
7. כַּאֲשֶׁר נוֹלַד יַעֲקֹב הוּא אָחַז בַּ...
8. יַעֲקֹב קִבֵּל מִיִּצְחָק...
9. עֵשָׂו יָצָא לַשָּׂדֶה כְּדֵי לָצוּד...
10. הַבֵּן שֶׁל אַבְרָהָם וְשָׂרָה הוּא...
11. יִצְחָק מְבַקֵּשׁ מֵעֵשָׂו שֶׁיַּעֲשֶׂה לוֹ...
12. צֶבַע הַנָּזִיד הָיָה...
13. הוּא מָכַר אֶת הַבְּכוֹרָה.
14. עֵשָׂו נוֹלַד עִם הַרְבֵּה שְׂעָרוֹת. הוּא הָיָה...

הַאִם קִבַּלְתֶּם אֶת פָּסוּק כ"ב (פֶּרֶק כ"ז)?

אֵיזוֹ בְּרָכָה יַעֲקֹב מְקַבֵּל?

פֶּרֶק כ"ז פְּסוּקִים כ"ח–כ"ט

כ"ח וְיִתֶּן-לְךָ הָאֱ-לֹהִים
מִטַּל[1] הַשָּׁמַיִם וּמִשְׁמַנֵּי הָאָרֶץ[2],
וְרֹב דָּגָן[3] וְתִירֹשׁ[4].

1 **טַל:** dew
2 **שְׁמַנֵּי הָאָרֶץ:** הַשְּׁמָנִים שֶׁל הָאָרֶץ, הַיְּבוּל
3 **דָּגָן:** תְּבוּאָה, produce
4 **תִּירוֹשׁ:** יַיִן

הַפָּסוּק הוּא: ______________________

כ"ט יַעַבְדוּךָ[5] עַמִּים
וְיִשְׁתַּחֲוֻ (וְיִשְׁתַּחֲווּ)[6] לְךָ לְאֻמִּים
הֱוֵה גְבִיר[7] לְאַחֶיךָ
וְיִשְׁתַּחֲווּ לְךָ בְּנֵי אִמֶּךָ,
אֹרְרֶיךָ אָרוּר
וּמְבָרְכֶיךָ בָּרוּךְ.

May people serve you
may nations bow down to you.
and be master to your brothers
and may your mother's sons bow down to you
Those who damn you, damned!
those who bless you, blessed!

Robert Alter, **The Five Books of Moses**, New York, W.W. Norton & Company 2004, p. 142

5 **יַעַבְדוּךָ** (ע-ב-ד): יַעַבְדוּ אוֹתְךָ
6 **וְיִשְׁתַּחֲווּ:** they will bow down
7 **הֱוֵה גְּבִיר:** תִּהְיֶה אָדוֹן

הַפָּסוּק הוּא: ______________________________

לִקְרֹא... לִמְצֹא... לְהַשְׁלִים... (פְּסוּקִים כ"ח-כ"ט)

בְּבַקָּשָׁה:

1 מָה יִתֵּן אֱ-לֹהִים? **הַשְׁלִימוּ** בַּמָּקוֹם הַמַּתְאִים בַּצִּיּוּר. (פָּסוּק כ"ח)

2

יַעַבְדוּךָ עַמִּים
וְיִשְׁתַּחֲווּ לְךָ לְאֻמִּים (פָּסוּק כ"ט)

- **סַמְּנוּ** בְּצֶבַע צָהֹב אֶת הַמִּלָּה הַמַּתְאִימָה לְ"יַעַבְדוּךָ".
- **סַמְּנוּ** בְּצֶבַע וָרֹד אֶת הַמִּלָּה הַמַּתְאִימָה לְ"עַמִּים".

3

הֱוֵה גְבִיר לְאַחֶיךָ
וְיִשְׁתַּחֲווּ לְךָ בְּנֵי אִמֶּךָ (פָּסוּק כ"ט)

- **סַמְּנוּ** בְּצֶבַע יָרֹק אֶת הַמִּלָּה הַמַּתְאִימָה לְ"הֱוֵה גְבִיר".
- **סַמְּנוּ** בְּצֶבַע כָּחֹל אֶת הַמִּלָּה הַמַּתְאִימָה לְ"אַחֶיךָ".

(opposite)

4 מָה הַהֵפֶךְ? **הַשְׁלִימוּ:**

אֹרְרֶיךָ

אָרוּר

5 **הַשְׁלִימוּ** בִּלְשׁוֹן הַתּוֹרָה:

(will rule)

אֵיךְ כָּתוּב בַּתּוֹרָה: אַתָּה תִּמְשֹׁל בָּעַמִּים?

"______ ______ ______

______ ______." (פָּסוּק כ"ט)

6 **הַשְׁלִימוּ** בִּלְשׁוֹן הַתּוֹרָה:

אֵיךְ כָּתוּב בַּתּוֹרָה: אַתָּה תִּמְשֹׁל בַּמִּשְׁפָּחָה?

"______ ______ ______

______ ______ ______

______." (פָּסוּק כ"ט)

7 פָּסוּק כ"ח: **סַמְּנוּ** ✓ לְיַד הַתְּשׁוּבָה הַנְּכוֹנָה.

הַבְּרָכָה הִיא: ☐ לַזְּמַן הַקָּרוֹב ☐ לַזְּמַן הָרָחוֹק

8 פָּסוּק כ"ט: **סַמְּנוּ** ✓ לְיַד הַתְּשׁוּבָה הַנְּכוֹנָה.

הַבְּרָכָה הִיא: ☐ לַזְּמַן הַקָּרוֹב ☐ לַזְּמַן הָרָחוֹק

לַחְשֹׁב... לְהָבִין... לְהַרְגִּישׁ... (פְּסוּקִים כ"ח - כ"ט)

בְּבַקָּשָׁה:

1 אֵיזוֹ בְּרָכָה רוֹצֶה יַעֲקֹב יוֹתֵר?

לְדַעְתִּי, הוּא רוֹצֶה אֶת הַבְּרָכָה

בְּפָסוּק כ"ח, כִּי ______

______

______

______

______

לְדַעְתִּי, הוּא רוֹצֶה אֶת הַבְּרָכָה

בְּפָסוּק כ"ט, כִּי ______

______

______

______

______

2 לְדַעְתִּי, הַבְּרָכָה הַחֲשׁוּבָה הִיא בְּפָסוּק ______,

כִּי ______

______

______

3 מָה לְדַעְתְּכֶם קִבֵּל יַעֲקֹב? **סַמְּנוּ** ✓ לְיַד הַמִּשְׁפָּט שֶׁהֲכִי מוֹצֵא חֵן בְּעֵינֵיכֶם:

☐ 1. יַעֲקֹב קִבֵּל בְּרָכָה מֵאֱ-לֹהִים.

☐ 2. יַעֲקֹב קִבֵּל בְּרָכָה לְתָמִיד, לְדוֹרוֹת.

☐ 3. לְיַעֲקֹב יִהְיֶה אֹכֶל כָּל חַיָּיו.

☐ 4. יַעֲקֹב קִבֵּל בְּרָכָה בִּשְׁבִיל הַמִּשְׁפָּחָה.

☐ 5. יַעֲקֹב קִבֵּל בְּרָכָה בִּשְׁבִיל הָעָם שֶׁיֵּצֵא מִמֶּנּוּ.

• בָּחַרְתִּי בְּ ☐ כִּי ____________________

____

4 מָה לְדַעְתְּכֶם הִפְסִיד (lost) יַעֲקֹב? **סַמְּנוּ** ✓ לְיַד הַמִּשְׁפָּט שֶׁהֲכִי קָשֶׁה לְיַעֲקֹב:

☐ 1. הַמִּשְׁפָּחָה לֹא תִּחְיֶה בְּשָׁלוֹם בִּגְלַל מָה שֶׁקָּרָה.

☐ 2. הוּא תָּמִיד יִפְחַד מֵעֵשָׂו.

☐ 3. אָבִיו לֹא יִסְלַח לוֹ עַל שֶׁרִמָּה (cheated) אוֹתוֹ.

• בָּחַרְתִּי בְּ ☐ כִּי ____________________

____

5 מָה לְדַעְתְּכֶם רִבְקָה מַרְגִּישָׁה עַכְשָׁו?

____

____

אֵיךְ יָגִיב יִצְחָק?

פֶּרֶק כ״ז פְּסוּקִים ל׳–ל״ג

ל׳ וַיְהִי כַּאֲשֶׁר כִּלָּה יִצְחָק לְבָרֵךְ[1] אֶת-יַעֲקֹב
וַיְהִי אַךְ יָצֹא יָצָא[2] יַעֲקֹב מֵאֵת פְּנֵי יִצְחָק אָבִיו[3],
וְעֵשָׂו אָחִיו בָּא מִצֵּידוֹ.

1 **כִּלָּה... לְבָרֵךְ:** גָּמַר לְבָרֵךְ

2 **אַךְ יָצֹא יָצָא:** מִיָּד אַחֲרֵי שֶׁיָּצָא
immediately after he left

3 **מֵאֵת פְּנֵי יִצְחָק אָבִיו:** מִיִּצְחָק

הַפָּסוּק הוּא: ____________________

ל״א וַיַּעַשׂ[4] גַּם-הוּא מַטְעַמִּים וַיָּבֵא[5] לְאָבִיו

וַיֹּאמֶר לְאָבִיו:

"יָקֻם אָבִי וְיֹאכַל מִצֵּיד בְּנוֹ

בַּעֲבֻר[6] תְּבָרְכַנִּי[7] נַפְשֶׁךָ".

ל״ב וַיֹּאמֶר לוֹ יִצְחָק אָבִיו: "מִי-אָתָּה?",

וַיֹּאמֶר: "אֲנִי בִּנְךָ בְּכֹרְךָ עֵשָׂו".

ל״ג וַיֶּחֱרַד יִצְחָק חֲרָדָה[8] גְּדֹלָה עַד-מְאֹד

וַיֹּאמֶר: "מִי-אֵפוֹא הוּא[9] הַצָּד-צַיִד וַיָּבֵא לִי

וָאֹכַל[10] מִכֹּל בְּטֶרֶם תָּבוֹא[11] וָאֲבָרְכֵהוּ,

גַּם-בָּרוּךְ יִהְיֶה".

4 **וַיַּעַשׂ** (ע-ש-ה): הוּא עָשָׂה

5 **וַיָּבֵא:** הוּא הֵבִיא

6 **בַּעֲבֻר:** בִּשְׁבִיל

7 **תְּבָרְכַנִּי** (ב-ר-כ): תְּבָרֵךְ אוֹתִי

8 **וַיֶּחֱרַד... חֲרָדָה** (ח-ר-ד) trembled

9 **מִי-אֵפוֹא הוּא:** מִי הוּא

10 **וָאֹכַל:** (א-כ-ל): אָכַלְתִּי

11 **בְּטֶרֶם תָּבוֹא:** לִפְנֵי שֶׁאַתָּה בָּאתָ

הַפָּסוּק הוּא: ______________

לִקְרֹא... לִמְצֹא... לְהַשְׁלִים... (פְּסוּקִים ל׳-ל״ג)

בְּבַקָּשָׁה:

1 **סַמְּנוּ** בְּעַמּוּד 69 בְּצֶבַע צָהֹב אֶת דִּבְרֵי יִצְחָק.

2 **סַמְּנוּ** בְּצֶבַע וָרֹד אֶת דִּבְרֵי עֵשָׂו.

3 הַדְּמֻיּוֹת הַמְדַבְּרוֹת הֵן: ______ ______.

4 מָה עֵשָׂו רוֹצֶה מִיִּצְחָק?

______

______

5 בַּפֶּרֶק הַזֶּה יֵשׁ דְּבָרִים שֶׁכְּתוּבִים פַּעֲמַיִם.

פַּעֲמַיִם מַזְמִינִים אֶת יִצְחָק לֶאֱכֹל מֵהַצַּיִד. מִי מַזְמִין? **כִּתְבוּ**:

- בַּפַּעַם הָרִאשׁוֹנָה: ______ **מַזְמִין אֶת יִצְחָק.** (פָּסוּק י״ט)
- בַּפַּעַם הַשְּׁנִיָּה: ______ **מַזְמִין אֶת יִצְחָק.** (פָּסוּק ל״א)

5א. **פַּעֲמַיִם** יִצְחָק שׁוֹאֵל: ״מִי אַתָּה?״

- בַּפַּעַם הָרִאשׁוֹנָה: יִצְחָק שׁוֹאֵל אֶת ______. **פָּסוּק** ______.
- בַּפַּעַם הַשְּׁנִיָּה: יִצְחָק שׁוֹאֵל אֶת ______. **פָּסוּק** ______.

5ב. **פַּעֲמַיִם** אוֹמְרִים לְיִצְחָק: אֲנִי בְּכֹרְךָ עֵשָׂו.

- בַּפַּעַם הָרִאשׁוֹנָה: ______ אוֹמֵר לְיִצְחָק. פָּסוּק ______.

- בַּפַּעַם הַשְּׁנִיָּה: ______ אוֹמֵר לְיִצְחָק. פָּסוּק ______.

6 יִצְחָק שׁוֹאֵל אֶת עֵשָׂו 2 שְׁאֵלוֹת. הַשְּׁאֵלוֹת מַתְחִילוֹת בַּמִּלָּה: "______".

יִצְחָק לֹא יוֹדֵעַ אֶת הַתְּשׁוּבָה לַשְּׁאֵלָה: "______ ______?"

7 אֵיךְ מֵגִיב (reacts) יִצְחָק כַּאֲשֶׁר הוּא שׁוֹמֵעַ מָה שֶׁאָמַר עֵשָׂו?

הַשְׁלִימוּ בִּלְשׁוֹן הַתּוֹרָה:

"______ יִצְחָק ______ ______

עַד-מְאֹד". (פָּסוּק ל"ג)

8 **כִּתְבוּ:**

- עַכְשָׁו יִצְחָק מֵבִין שֶׁיַּעֲקֹב ______

______

- עַכְשָׁו יִצְחָק מֵבִין שֶׁעֵשָׂו ______

______

9 אֲנַחְנוּ יוֹדְעִים שֶׁיִּצְחָק לֹא יָכֹל לַעֲשׂוֹת אֶת מָה שֶׁעֵשָׂו רוֹצֶה, כִּי כָּתוּב:

"גַּם ______ ______." (פָּסוּק ל"ג)

לַחְשֹׁב... לְהָבִין... לְהַרְגִּישׁ... (פְּסוּקִים ל׳-ל״ג)

בְּבַקָּשָׁה:

1 יִצְחָק שׁוֹאֵל: ״מִי אַתָּה?״

עֵשָׂו עוֹנֶה: ״אֲנִי

בִּנְךָ

בְּכֹרְךָ

עֵשָׂו״ (פָּסוּק ל״ב)

לָמָּה עֵשָׂו לֹא עוֹנֶה: ״אֲנִי עֵשָׂו״?

כִּי ______

______

2 מָה הָיָה לְיִצְחָק הֲכִי קָשֶׁה? **בַּחֲרוּ וְסַמְּנוּ** ✓:

☐ 1. שֶׁיַּעֲקֹב רִמָּה אוֹתוֹ.

(received)

☐ 2. שֶׁיַּעֲקֹב קִבֵּל אֶת הַבְּרָכָה.

☐ 3. שֶׁעֵשָׂו לֹא קִבֵּל אֶת הַבְּרָכָה.

(took advantage of)

☐ 4. שֶׁיַּעֲקֹב נִצֵּל אֶת זֶה שֶׁיִּצְחָק לֹא רוֹאֶה טוֹב.

☐ 5. אַחֵר: ______

בָּחַרְתִּי בְּ ☐ כִּי ______

______

רִמָּה
cheated

3 יִצְחָק שׁוֹאֵל: "מִי-אֵפוֹא הוּא הַצָּד-צַיִד וַיָּבֵא לִי וָאֹכַל..."? (פָּסוּק ל"ג)

לָמָּה לְדַעְתְּכֶם יִצְחָק שׁוֹאֵל שְׁאֵלָה שֶׁהוּא יוֹדֵעַ אֶת הַתְּשׁוּבָה עָלֶיהָ?

4 **קִרְאוּ** אֶת הַפָּסוּק מִלְּמַטָּה לְמַעְלָה.

מָה אַתֶּם מַרְגִּישִׁים כְּשֶׁאַתֶּם קוֹרְאִים שֶׁעֵשָׂו צוֹעֵק? **צִבְעוּ וְצַיְּרוּ.**

מָה יַעֲשֶׂה עֵשָׂו?

פֶּרֶק כ״ז פְּסוּקִים ל״ד-ל״ו

ל״ד כִּשְׁמֹעַ[1] עֵשָׂו אֶת-דִּבְרֵי[2] אָבִיו
וַיִּצְעַק[3] צְעָקָה גְּדֹלָה וּמָרָה[4] עַד-מְאֹד,
וַיֹּאמֶר לְאָבִיו: ״בָּרְכֵנִי גַם-אָנִי אָבִי״. __________

ל״ה וַיֹּאמֶר: ״בָּא אָחִיךָ בְּמִרְמָה[5], __________
וַיִּקַּח בִּרְכָתֶךָ״.

ל״ו וַיֹּאמֶר: ״הֲכִי קָרָא[6] שְׁמוֹ יַעֲקֹב __________
וַיַּעְקְבֵנִי[7] זֶה פַעֲמַיִם
אֶת-בְּכֹרָתִי לָקָח וְהִנֵּה עַתָּה לָקַח בִּרְכָתִי״,
וַיֹּאמַר: ״הֲלֹא-אָצַלְתָּ לִּי[8] בְּרָכָה״. __________

1 **כִּשְׁמֹעַ** (ש-מ-ע): כַּאֲשֶׁר שָׁמַע
2 **דִּבְרֵי** (ד-ב-ר): הַדְּבָרִים שֶׁל...
3 **וַיִּצְעַק** (צ-ע-ק): הוּא צָעַק
4 **וּמָרָה:** bitter
5 **בְּמִרְמָה** (ר-מ-ה) with deceit
6 **הֲכִי קָרָא:** isn't that why he's called
7 **וַיַּעְקְבֵנִי:** he tricked me
8 **הֲלֹא-אָצַלְתָּ לִּי:** הַאִם לֹא שָׁמַרְתָּ לִי?

הַפָּסוּק הוּא: ____________________

לִקְרֹא... לִמְצֹא... לְהַשְׁלִים... (פְּסוּקִים ל״ד-ל״ו)

בְּבַקָּשָׁה:

1 **כִּתְבוּ** בְּעַמּוּד 74 מִי אוֹמֵר.

(reaction)

2 **סַמְּנוּ** בְּצֶבַע וָרֹד אֶת הַתְּגוּבָה שֶׁל עֵשָׂו.

2א. מָה עֵשָׂו מֵבִין עַכְשָׁו? ______________________

____

3 הַתְּגוּבָה שֶׁל עֵשָׂו:

וַיִּצְעַק צְעָקָה גְּדֹלָה וּמָרָה עַד–מְאֹד. (פָּסוּק ל״ד)

הַתְּגוּבָה שֶׁל יִצְחָק:

וַיֶּחֱרַד יִצְחָק חֲרָדָה גְּדֹלָה עַד–מְאֹד. (פָּסוּק ל״ג)

סַמְּנוּ בִּצְבָעִים הַמַּתְאִימִים אֶת הַמִּלִּים הַדּוֹמוֹת בִּתְגוּבָה שֶׁל יִצְחָק.

4 **סַמְּנוּ** בְּעַמּוּד 74 בְּצֶבַע צָהֹב אֶת הַמִּלִּים מִן הַשֹּׁרֶשׁ **ל-ק-ח**.

4א. **כִּתְבוּ:** יִצְחָק אוֹמֵר שֶׁיַּעֲקֹב לָקַח אֶת ______________. (פָּסוּק ל״ה)

4ב. **כִּתְבוּ:** עֵשָׂו אוֹמֵר שֶׁיַּעֲקֹב לָקַח אֶת ______________

וְאֶת ______________. (פָּסוּק ל״ו)

(cheated)

5 עֵשָׂו מַרְגִּישׁ שֶׁיַּעֲקֹב רִמָּה אוֹתוֹ פַּעֲמַיִם. **הַשְׁלִימוּ:**

"הֲכִי קָרָא שְׁמוֹ יַעֲקֹב ______

זֶה ______." (פָּסוּק ל"ו)

6 מָה יִצְחָק חוֹשֵׁב עַל הַמַּעֲשֶׂה שֶׁל יַעֲקֹב? **הַשְׁלִימוּ:**

"בָּא אָחִיךָ בְּ ______ וַיִּקַּח בִּרְכָתֶךָ". פָּסוּק ______.

7 פַּעֲמַיִם עֵשָׂו מְבַקֵּשׁ מִיִּצְחָק אֶת הַבְּרָכָה. **הַשְׁלִימוּ:**

- **בַּפַּעַם** הָרִאשׁוֹנָה (פָּסוּק ל"ד):

" ______ ______ ______ ______."

- **בַּפַּעַם** הַשְּׁנִיָּה (פָּסוּק ל"ו):

"הֲלֹא ______ ______ ______."

8 **נְסַכֵּם** אֶת הַסִּפּוּר: (בְּכוֹרָה, בְּרָכָה)

יַעֲקֹב קָנָה אֶת הַ ______ וְלָקַח אֶת הַ ______.

(lost)

עֵשָׂו מָכַר אֶת הַ ______ וְהִפְסִיד אֶת הַ ______.

לַחְשֹׁב... לְהָבִין... לְהַרְגִּישׁ... (פְּסוּקִים ל"ד-ל"ו)

1 לְדַעְתְּכֶם, אֵיךְ מַרְגִּישׁ עֵשָׂו? **בַּחֲרוּ וְסַמְּנוּ** ✓:

☐ כּוֹעֵס ☐ נֶעֱלָב (insulted) ☐ מְאֻכְזָב (disappointed) ☐ נִדְהָם (overwhelmed)

☐ מַשֶּׁהוּ אַחֵר ________________

1א. הוּא מַרְגִּישׁ כָּךְ, כִּי ________________________________

____

2 **קִרְאוּ** אֶת הַפָּסוּק מִלְּמַטָּה לְמַעְלָה.

מָה אַתֶּם מַרְגִּישִׁים כְּשֶׁאַתֶּם קוֹרְאִים שֶׁעֵשָׂו צוֹעֵק? **צִבְעוּ וְצַיְּרוּ**.

עַד-מְאֹד. (פָּסוּק ל"ד)

וּמָרָה

גְּדֹלָה

צְעָקָה

...וַיִּצְעַק

מָה יִצְחָק יָכֹל לַעֲשׂוֹת בִּשְׁבִיל עֵשָׂו?

פֶּרֶק כ"ז פְּסוּקִים ל"ז–מ"א

ל"ז וַיַּעַן יִצְחָק וַיֹּאמֶר לְעֵשָׂו:
"הֵן גְּבִיר שַׂמְתִּיו לָךְ
וְאֶת-כָּל-אֶחָיו נָתַתִּי לוֹ לַעֲבָדִים
וְדָגָן וְתִירֹשׁ סְמַכְתִּיו,
וּלְכָה אֵפוֹא מָה אֶעֱשֶׂה בְּנִי.

ל"ח וַיֹּאמֶר עֵשָׂו אֶל-אָבִיו:
"הַבְרָכָה אַחַת הִוא (הִיא)-לְךָ אָבִי
בָּרְכֵנִי גַם-אָנִי אָבִי",
וַיִּשָּׂא עֵשָׂו קֹלוֹ וַיֵּבְךְּ[1].

ל"ט וַיַּעַן[2] יִצְחָק אָבִיו וַיֹּאמֶר אֵלָיו:
"הִנֵּה מִשְׁמַנֵּי הָאָרֶץ[3] יִהְיֶה מוֹשָׁבֶךָ[4]
וּמִטַּל הַשָּׁמַיִם מֵעָל.

מ' וְעַל-חַרְבְּךָ[5] תִחְיֶה
וְאֶת-אָחִיךָ תַּעֲבֹד,
וְהָיָה כַּאֲשֶׁר תָּרִיד[6] וּפָרַקְתָּ עֻלּוֹ מֵעַל צַוָּארֶךָ"[7].

1 **וַיִּשָּׂא... קֹלוֹ וַיֵּבְךְּ** (ב-כ-ה): הוּא בָּכָה בְּקוֹל רָם
2 **וַיַּעַן** (ע-נ-ה): הוּא עָנָה
3 **מִשְׁמַנֵּי הָאָרֶץ**: הַשְּׁמָנִים שֶׁל הָאָרֶץ the produce
4 **מוֹשָׁבֶךָ** (י-ש-ב): מֵהַמָּקוֹם שֶׁתָּגוּר בּוֹ
5 **חַרְבְּךָ**: הַחֶרֶב שֶׁלְּךָ
6 **תָּרִיד**: (מ-ר-ד): you will rebel
7 **וּפָרַקְתָּ עֻלּוֹ מֵעַל צַוָּארֶךָ**:
you will break his yoke from your neck
(you will be free of him)

מ״א וַיִּשְׂטֹם[8] עֵשָׂו אֶת-יַעֲקֹב
עַל-הַבְּרָכָה אֲשֶׁר בֵּרְכוֹ אָבִיו,
וַיֹּאמֶר עֵשָׂו בְּלִבּוֹ:
״יִקְרְבוּ יְמֵי אֵבֶל אָבִי[9]
וְאַהַרְגָה[10] אֶת-יַעֲקֹב אָחִי״.

8 **וַיִּשְׂטֹם:** הוּא שָׂנָא
9 **יִקְרְבוּ יְמֵי אֵבֶל אָבִי:** כַּאֲשֶׁר אָבִי יָמוּת
10 **וְאַהַרְגָה** (ה-ר-ג): אֲנִי אֶהֱרֹג

הַפָּסוּק הוּא: ____________________

לִקְרֹא... לִמְצֹא... לְהַשְׁלִים... (פְּסוּקִים ל"ח-מ"א)

בְּבַקָּשָׁה:

1 פָּסוּק ל"ח: **סַמְּנוּ** בְּעַמּוּד 78 בְּצֶבַע וָרֹד אֶת הַמִּלִּים "אָבִיו" וְ"אָבִי".

2 פָּסוּק ל"ח: **סַמְּנוּ** בְּצֶבַע יָרֹק אֶת הַמִּלִּים מִן הַשֹּׁרֶשׁ **ב-ר-כ**.

2א. הַנּוֹשֵׂא (subject) שֶׁל פָּסוּק ל"ח הוּא: ____________________

____

3 לָמָּה עֵשָׂו בּוֹכֶה?

כִּי ______________________________________

____

4 **סַמְּנוּ** בְּעַמּוּד 78 בְּצֶבַע כָּחֹל אֶת הַחֵלֶק הָרִאשׁוֹן שֶׁל הַבְּרָכָה.

4א. **סַמְּנוּ** בְּצֶבַע צָהֹב אֶת הַחֵלֶק הַשֵּׁנִי שֶׁל הַבְּרָכָה.

5 **סַמְּנוּ** בְּצֶבַע וָרֹד אֶת הַבְּרָכוֹת הַדּוֹמוֹת:

יִצְחָק מְבָרֵךְ אֶת יַעֲקֹב (פָּסוּק כ"ח)

וְיִתֶּן-לְךָ הָאֱ-לֹהִים
מִטַּל הַשָּׁמַיִם
וּמִשְׁמַנֵּי הָאָרֶץ,
וְרֹב דָּגָן וְתִירֹשׁ.

יִצְחָק מְבָרֵךְ אֶת עֵשָׂו (פָּסוּק ל"ט)

הִנֵּה מִשְׁמַנֵּי הָאָרֶץ יִהְיֶה מוֹשָׁבֶךָ
וּמִטַּל הַשָּׁמַיִם מֵעָל.

6 מָה הֵם **הַדְּבָרִים הַטּוֹבִים** בַּבְּרָכָה לְעֵשָׂו?

______________________ .

7 **כִּתְבוּ** בִּלְשׁוֹן הַתּוֹרָה: (פָּסוּק מ׳)

- כָּל חַיֶּיךָ תַּעֲשֶׂה מִלְחָמָה: "______________________."
- תִּהְיֶה עֶבֶד לְאָחִיךָ: "______________________."
- (you will rebel) תִּמְרֹד בְּאָחִיךָ: "______________________."
- תִּהְיֶה חָפְשִׁי: "______________________."

8 יִצְחָק אוֹמֵר לְעֵשָׂו דְּבָרִים **לֹא טוֹבִים**. הַשְׁלִימוּ:

"וְעַל חַרְבְּךָ ______________"

"וְאֶת אָחִיךָ ______________". פָּסוּק ______ .

9 יִצְחָק אוֹמֵר שֶׁבֶּעָתִיד הַדְּבָרִים יִשְׁתַּנּוּ. (will change)

הַשְׁלִימוּ: "______________ ______________ מֵעַל צַוָּארֶךָ".

10 מָה הִרְגִּישׁ עֵשָׂו אֶל יַעֲקֹב?

הַשְׁלִימוּ: "______________ עֵשָׂו אֶת יַעֲקֹב". פָּסוּק ______ .

11 מָה עֵשָׂו מְתַכְנֵן לַעֲשׂוֹת לְיַעֲקֹב? (planning)

הַשְׁלִימוּ: "______________ אֶת יַעֲקֹב אָחִי". פָּסוּק ______ .

12 **כִּתְבוּ** אֶת הַשֵּׁמוֹת, **גִּזְרוּ** בְּעַמּוּד 59 אֶת הַדְּמוּיוֹת, **הַדְבִּיקוּ** בַּמְּקוֹמוֹת הַמַּתְאִימִים וּתְקַבְּלוּ סִפּוּר קָצָר:

__________ רָצָה לָתֵת אֶת הַבְּרָכָה לִבְנוֹ הַבְּכוֹר __________.

__________ רָצְתָה שֶׁבְּנָהּ הַצָּעִיר __________ יְקַבֵּל אֶת הַבְּרָכָה.

__________ רִמָּה אֶת יִצְחָק וְלָקַח אֶת הַבְּרָכָה שֶׁל __________.

__________ בִּקֵּשׁ מֵאָבִיו __________ בְּרָכָה בִּשְׁבִילוֹ.

__________ מְבָרֵךְ אוֹתוֹ.

__________ שׂוֹנֵא אֶת __________ וְרוֹצֶה לַהֲרֹג אוֹתוֹ.

13 אֵיךְ עֵשָׂו מַרְגִּישׁ אַחֲרֵי שֶׁקִּבֵּל בְּרָכָה?

אִם הָיִיתִי עֵשָׂו

(relationship)

14 **שׂוֹחֲחוּ** בַּכִּתָּה עַל הַיְּחָסִים בֵּין הָאַחִים אַחֲרֵי שֶׁיַּעֲקֹב לָקַח אֶת הַבְּרָכָה.

מָה תַּעֲשֶׂה רִבְקָה?

פֶּרֶק כ"ז פְּסוּקִים מ"ב–מ"ו

מ"ב וַיֻּגַּד[1] לְרִבְקָה אֶת-דִּבְרֵי עֵשָׂו בְּנָהּ הַגָּדֹל
וַתִּשְׁלַח[2] וַתִּקְרָא לְיַעֲקֹב בְּנָהּ הַקָּטָן
וַתֹּאמֶר אֵלָיו:
"הִנֵּה עֵשָׂו אָחִיךָ מִתְנַחֵם לְךָ לְהָרְגֶךָ[3].

מ"ג וְעַתָּה בְנִי שְׁמַע בְּקֹלִי,
וְקוּם בְּרַח-לְךָ[4] אֶל-לָבָן אָחִי חָרָנָה[5].

מ"ד וְיָשַׁבְתָּ עִמּוֹ[6] יָמִים אֲחָדִים[7],
עַד אֲשֶׁר-תָּשׁוּב חֲמַת אָחִיךָ[8].

מ"ה עַד-שׁוּב אַף-אָחִיךָ מִמְּךָ[9]
וְשָׁכַח[10] אֵת אֲשֶׁר-עָשִׂיתָ לּוֹ
וְשָׁלַחְתִּי[11] וּלְקַחְתִּיךָ[12] מִשָּׁם,
לָמָה אֶשְׁכַּל[13] גַּם-שְׁנֵיכֶם יוֹם אֶחָד".

1 **וַיֻּגַּד** (נ-ג-ד): אָמְרוּ

2 **וַתִּשְׁלַח** (ש-ל-ח): הִיא שָׁלְחָה

3 **מִתְנַחֵם** (נ-ח-מ) **לְךָ לְהָרְגֶךָ:**
consoling himself
with the thought of killing you

4 **בְּרַח-לְךָ:** לֵךְ מִפֹּה מַהֵר

5 **חָרָנָה:** אֶל חָרָן

6 **וְיָשַׁבְתָּ עִמּוֹ** (י-ש-ב): תִּהְיֶה יַחַד אִתּוֹ

7 **יָמִים אֲחָדִים:** זְמַן קָצָר

8 **עַד אֲשֶׁר-תָּשׁוּב חֲמַת אָחִיךָ:**
עַד שֶׁאָחִיךָ יַפְסִיק לִכְעֹס

9 **עַד-שׁוּב אַף-אָחִיךָ מִמְּךָ:**
עַד שֶׁאָחִיךָ לֹא יִכְעַס עָלֶיךָ עוֹד

10 **וְשָׁכַח** (ש-כ-ח): הוּא יִשְׁכַּח

11 **וְשָׁלַחְתִּי** (ש-ל-ח): אֲנִי אֶשְׁלַח

12 **וּלְקַחְתִּיךָ** (ל-ק-ח): אֶקַּח אוֹתְךָ

13 **לָמָה אֶשְׁכַּל:** why should I lose

מ"ו וַתֹּאמֶר רִבְקָה אֶל-יִצְחָק:
"קַצְתִּי בְחַיַּי[14] מִפְּנֵי[15] בְּנוֹת חֵת,
אִם-לֹקֵחַ יַעֲקֹב אִשָּׁה מִבְּנוֹת-חֵת
כָּאֵלֶּה מִבְּנוֹת הָאָרֶץ
לָמָּה לִּי חַיִּים".

14 **קַצְתִּי בְחַיַּי:** אֲנִי שׂוֹנֵאת אֶת הַחַיִּים שֶׁלִּי.
15 **מִפְּנֵי:** בִּגְלַל

הַפָּסוּק הוּא: ______

לִקְרֹא... לִמְצֹא... לְהַשְׁלִים... (פְּסוּקִים מ"ב - מ"ו)

בְּבַקָּשָׁה:

1 אֶל מִי רִבְקָה מְדַבֶּרֶת?

רִבְקָה מְדַבֶּרֶת אֶל ________ .

2 מָה רִבְקָה אוֹמֶרֶת לְיַעֲקֹב? **הַשְׁלִימוּ:**

"הִנֵּה עֵשָׂו אָחִיךָ ________ ________ ________."

(פָּסוּק מ"ב)

3 מָה רִבְקָה מְצַוָּה עַל יַעֲקֹב לַעֲשׂוֹת? (פָּסוּק מ"ג)

____

____

4 כַּמָּה זְמַן יֵשֵׁב יַעֲקֹב בְּבֵית שֶׁל לָבָן? **הַשְׁלִימוּ:**

" וְיָשַׁבְתָּ עִמּוֹ ________ ________." (פָּסוּק מ"ד)

5 פַּעֲמַיִם רִבְקָה אוֹמֶרֶת לְיַעֲקֹב לְחַכּוֹת עַד שֶׁעֵשָׂו לֹא יִכְעַס:

עַד אֲשֶׁר-תָּשׁוּב חֲמַת אָחִיךָ (פָּסוּק מ"ד)

עַד-שׁוּב אַף [חֲמַת] אָחִיךָ מִמְּךָ (פָּסוּק מ"ה)

צִבְעוּ בַּצֶּבַע הַמַּתְאִים אֶת הַמִּלִּים הַדּוֹמוֹת.

6 מָה רִבְקָה חוֹשֶׁבֶת שֶׁעֵשָׂו יַעֲשֶׂה בַּזְּמַן הַזֶּה?

הַשְׁלִימוּ: "וְ________ אֵת אֲשֶׁר-עָשִׂיתָ לּוֹ". (פָּסוּק מ"ה)

7 מִמָּה רִבְקָה מְפַחֶדֶת?

הַשְׁלִימוּ: "לָמָה ________ ________ ________

יוֹם אֶחָד". (פָּסוּק מ"ה)

7א. מִי הֵם לְדַעְתְּכֶם הַשְּׁנַיִם?

________ וְ________.

8 פָּסוּק מ"ו: רִבְקָה מְדַבֶּרֶת עִם: ________.

9 **סַמְּנוּ** בְּצֶבַע צָהֹב אֶת הַמִּלָּה הַחוֹזֶרֶת בִּשְׁנֵי הַפְּסוּקִים.

פֶּרֶק כ"ו פְּסוּקִים ל"ד-ל"ה	**פֶּרֶק כ"ז פָּסוּק מ"ו**
וַיְהִי עֵשָׂו בֶּן-אַרְבָּעִים שָׁנָה וַיִּקַּח אִשָּׁה אֶת-יְהוּדִית בַּת-בְּאֵרִי הַחִתִּי, וְאֶת-בָּשְׂמַת בַּת-אֵילֹן הַחִתִּי. וַתִּהְיֶיןָ מֹרַת רוּחַ, לְיִצְחָק וּלְרִבְקָה (הֵם לֹא הָיוּ שְׂמֵחִים).	וַתֹּאמֶר רִבְקָה אֶל-יִצְחָק: 'קַצְתִּי בְחַיַּי מִפְּנֵי בְּנוֹת חֵת, אִם-לֹקֵחַ יַעֲקֹב אִשָּׁה מִבְּנוֹת-חֵת כָּאֵלֶּה מִבְּנוֹת הָאָרֶץ לָמָּה לִּי חַיִּים'.

9א. עֵשָׂו הִתְחַתֵּן עִם שְׁתֵּי נָשִׁים. **הַשְׁלִימוּ** (פֶּרֶק כ"ו פְּסוּקִים ל"ד-ל"ה):

- הָאִשָּׁה הָרִאשׁוֹנָה הִיא: "יְהוּדִית בַּת-בְּאֵרִי ____________".
- הָאִשָּׁה הַשְּׁנִיָּה הִיא: "בָּשְׂמַת בַּת-אֵילֹן ____________".

9ב. אֵיךְ הֵגִיבוּ יִצְחָק וְרִבְקָה לַנִּשּׂוּאִין שֶׁל עֵשָׂו? **כִּתְבוּ** בִּלְשׁוֹנֵנוּ אוֹ בִּלְשׁוֹן הַתּוֹרָה:

____

9ג. **הַשְׁלִימוּ**: רִבְקָה שׂוֹנֵאת אֶת חַיֶּיהָ: "________ ________". (פֶּרֶק כ"ז פָּסוּק מ"ו)

9ד. **הַשְׁלִימוּ**: לָמָּה רִבְקָה דּוֹאֶגֶת? "אִם ________ ________

________ ________ ________".

10 לָמָּה רִבְקָה מְדַבֶּרֶת עַל בְּנוֹת חֵת **עַכְשָׁו**?

____

לַחְשֹׁב... לְהָבִין... לְהַרְגִּישׁ... (פְּסוּקִים מ"ב-מ"ו)

(will calm down)

1 כַּמָּה זְמַן יַעֲבֹר לְדַעְתְּכֶם עַד שֶׁעֵשָׂו יֵרָגַע? **סַמְּנוּ** ✓:

☐ מְעַט זְמַן ☐ הַרְבֵּה זְמַן

כִּי ________________.

(will stay)

2 כַּמָּה זְמַן לְדַעְתְּכֶם יִשָּׁאֵר יַעֲקֹב בְּחָרָן? **סַמְּנוּ** ✓:

☐ מְעַט זְמַן ☐ הַרְבֵּה זְמַן

כִּי ________________.

3 מָה רִבְקָה מַרְגִּישָׁה אוֹ מָה הִיא חוֹשֶׁבֶת כְּשֶׁהִיא שׁוֹלַחַת אֶת יַעֲקֹב לְחָרָן?

פֶּרֶק כ"ח

מָה יַעֲשֶׂה יִצְחָק?

פֶּרֶק כ"ח פְּסוּקִים א'–ה'

א' וַיִּקְרָא יִצְחָק אֶל-יַעֲקֹב וַיְבָרֶךְ אֹתוֹ,
וַיְצַוֵּהוּ[1] וַיֹּאמֶר לוֹ:
"לֹא-תִקַּח אִשָּׁה מִבְּנוֹת כְּנָעַן.

ב' קוּם לֵךְ פַּדֶּנָה אֲרָם[2]
בֵּיתָה[3] בְתוּאֵל אֲבִי אִמֶּךָ,
וְקַח-לְךָ מִשָּׁם אִשָּׁה
מִבְּנוֹת לָבָן אֲחִי אִמֶּךָ.

ג' וְאֵ-ל שַׁ-דַּי יְבָרֵךְ אֹתְךָ
וְיַפְרְךָ וְיַרְבֶּךָ[4],
וְהָיִיתָ[5] לִקְהַל עַמִּים[6].

1 **וַיְצַוֵּהוּ** (צ-ו-ה): הוּא צִוָּה אוֹתוֹ
2 **פַּדֶּנָה אֲרָם:** אֶל פַּדַּן אֲרָם
3 **בֵּיתָה:** אֶל הַבַּיִת
4 **וְיַפְרְךָ וְיַרְבֶּךָ** ("פְּרוּ וּרְבוּ"): הוּא יִתֵּן לְךָ הַרְבֵּה בָּנִים
5 **וְהָיִיתָ:** תִּהְיֶה
6 **לִקְהַל עַמִּים:** לְהַרְבֵּה עַמִּים

ד׳ וַיִּתֶּן-לְךָ אֶת-בִּרְכַּת אַבְרָהָם
לְךָ וּלְזַרְעֲךָ אִתָּךְ,
לְרִשְׁתְּךָ[7] אֶת-אֶרֶץ מְגֻרֶיךָ[8]
אֲשֶׁר-נָתַן אֱ-לֹהִים לְאַבְרָהָם.״

[7] לְרִשְׁתְּךָ (י-ר-ש): for you to inherit
[8] אֶרֶץ מְגֻרֶיךָ: הָאָרֶץ שֶׁבָּהּ אַתָּה תָּגוּר

ה׳ וַיִּשְׁלַח יִצְחָק אֶת-יַעֲקֹב וַיֵּלֶךְ פַּדֶּנָה
אֲרָם,
אֶל-לָבָן בֶּן-בְּתוּאֵל הָאֲרַמִּי
אֲחִי רִבְקָה אֵם יַעֲקֹב וְעֵשָׂו.

הַפָּסוּק הוּא: ______________________

לִקְרֹא... לִמְצֹא... לְהַשְׁלִים... (פְּסוּקִים א׳-ה׳)

בְּבַקָּשָׁה:

1 מִי קוֹרֵא לְמִי? **סַמְּנוּ** בְּעַמּוּד 90 בְּצֶבַע יָרֹק אֶת הַשֵּׁמוֹת.

1א. ______ קוֹרֵא לְ ______.

2 יִצְחָק מְצַוֶּה עַל יַעֲקֹב 3 דְּבָרִים. **הַשְׁלִימוּ:**

"______ ______ ______ מִבְּנוֹת כְּנָעַן".

"______ ______ ______ ______ בֵּיתָה בְתוּאֵל".

"______ ______ ______ ______ מִבְּנוֹת לָבָן".

3 לָמָּה יַעֲקֹב הוֹלֵךְ לְבֵית בְּתוּאֵל?

______.

4 **הַקִּיפוּ** (בְּמַעְגָּל) אֶת הַתְּשׁוּבָה הַנְּכוֹנָה.

מִי יְבָרֵךְ אֶת יַעֲקֹב?

- יִצְחָק
- אַבְרָהָם
- אֵ-ל שַׁ-דַּי
- בְּתוּאֵל

5 אֵיךְ כָּתוּב בַּפֶּרֶק 'שֶׁיִּהְיוּ לְיַעֲקֹב הַרְבֵּה בָּנִים'?

הַשְׁלִימוּ: "וְ__________ וְ__________." (פָּסוּק ג')

6 אֵיךְ כָּתוּב בַּפֶּרֶק 'אַתָּה תִּהְיֶה לְעַם'?

הַשְׁלִימוּ: "וְהָיִיתָ __________ __________." (פָּסוּק ג')

7 סַמְּנוּ בְּצֶבַע כָּחֹל אֶת הַבְּרָכוֹת הַדּוֹמוֹת.

הַבְּרָכוֹת לְאַבְרָהָם

פֶּרֶק י"ב:

ב' וְאֶעֶשְׂךָ לְגוֹי גָּדוֹל
וַאֲבָרֶכְךָ
וַאֲגַדְּלָה שְׁמֶךָ,
וֶהְיֵה בְּרָכָה.

ג' וַאֲבָרְכָה מְבָרְכֶיךָ
וּמְקַלֶּלְךָ אָאֹר,
וְנִבְרְכוּ בְךָ כֹּל מִשְׁפְּחֹת הָאֲדָמָה.

ז' וַיֵּרָא ה' אֶל-אַבְרָם וַיֹּאמֶר:
"לְזַרְעֲךָ אֶתֵּן אֶת-הָאָרֶץ הַזֹּאת..."

הַבְּרָכוֹת לְיַעֲקֹב

פֶּרֶק כ"ז:

כ"ח וְיִתֶּן-לְךָ הָאֱ-לֹהִים
מִטַּל הַשָּׁמַיִם וּמִשְׁמַנֵּי הָאָרֶץ
וְרֹב דָּגָן וְתִירֹשׁ.

כ"ט יַעַבְדוּךָ עַמִּים
וְיִשְׁתַּחֲוֻ (וְיִשְׁתַּחֲווּ) לְךָ לְאֻמִּים
הֱוֵה גְבִיר לְאַחֶיךָ
וְיִשְׁתַּחֲווּ לְךָ בְּנֵי אִמֶּךָ.
אֹרְרֶיךָ אָרוּר
וּמְבָרְכֶיךָ בָּרוּךְ.

פֶּרֶק כ"ח:

ד' וְיִתֶּן-לְךָ אֶת-בִּרְכַּת אַבְרָהָם
לְךָ וּלְזַרְעֲךָ אִתָּךְ,
לְרִשְׁתְּךָ אֶת-אֶרֶץ מְגֻרֶיךָ
אֲשֶׁר-נָתַן אֱ-לֹהִים לְאַבְרָהָם.

8 **כִּתְבוּ:**

לִפְנֵי שָׁנִים רַבּוֹת נָתַן ה' אֶת הָאָרֶץ הַזֹּאת לְ__________________ .

ה' יִתֵּן אֶת הָאָרֶץ הַזֹּאת גַּם לְ__________________ .

9 אֵיזוֹ בְּרָכָה מֵהַבְּרָכוֹת יִרְצֶה יַעֲקֹב לָתֵת לַבָּנִים שֶׁלּוֹ?

כִּתְבוּ אוֹ **צַיְּרוּ**:

10 **כִּתְבוּ** מִכְתָּב לְחָבֵר וְסַפְּרוּ לוֹ מָה קָרָה לְמִשְׁפַּחַת יִצְחָק וְרִבְקָה.

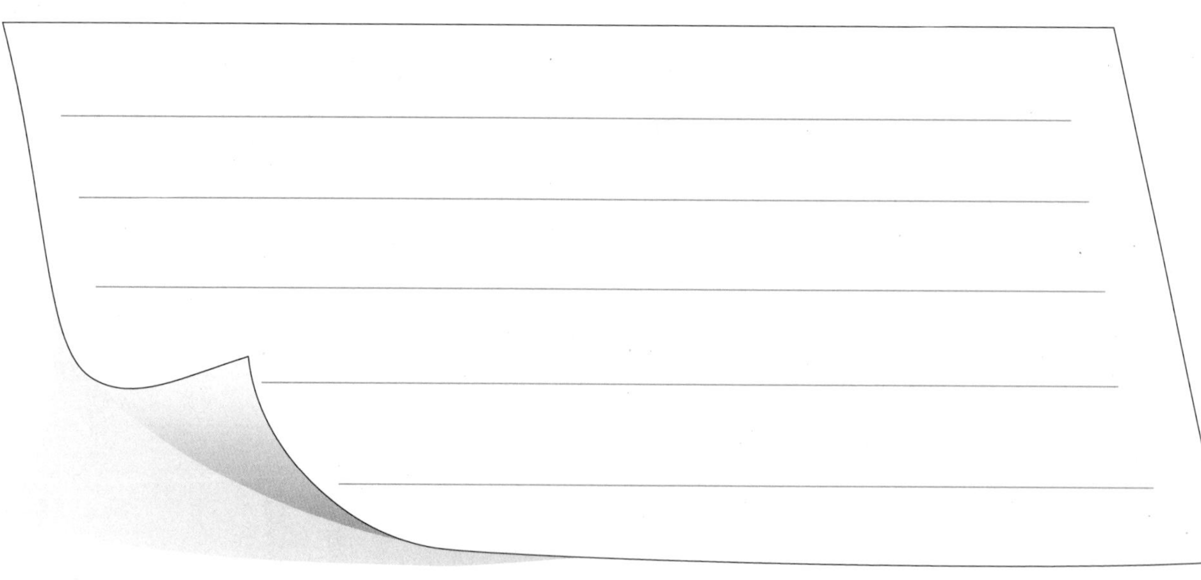

11 הִגַּעְנוּ לְסוֹף הַסִּפּוּר.

חִשְׁבוּ: בְּאֵיזֶה מָקוֹם עוֹמֶדֶת כָּל דְּמוּת? מִי מִסְתַּכֵּל עַל מִי?

מִי קָרוֹב לְמִי? מִי רָחוֹק מִמִּי?

צַיְּרוּ אֶת יִצְחָק, רִבְקָה, יַעֲקֹב וְעֵשָׂו עַל הַבָּמָה.

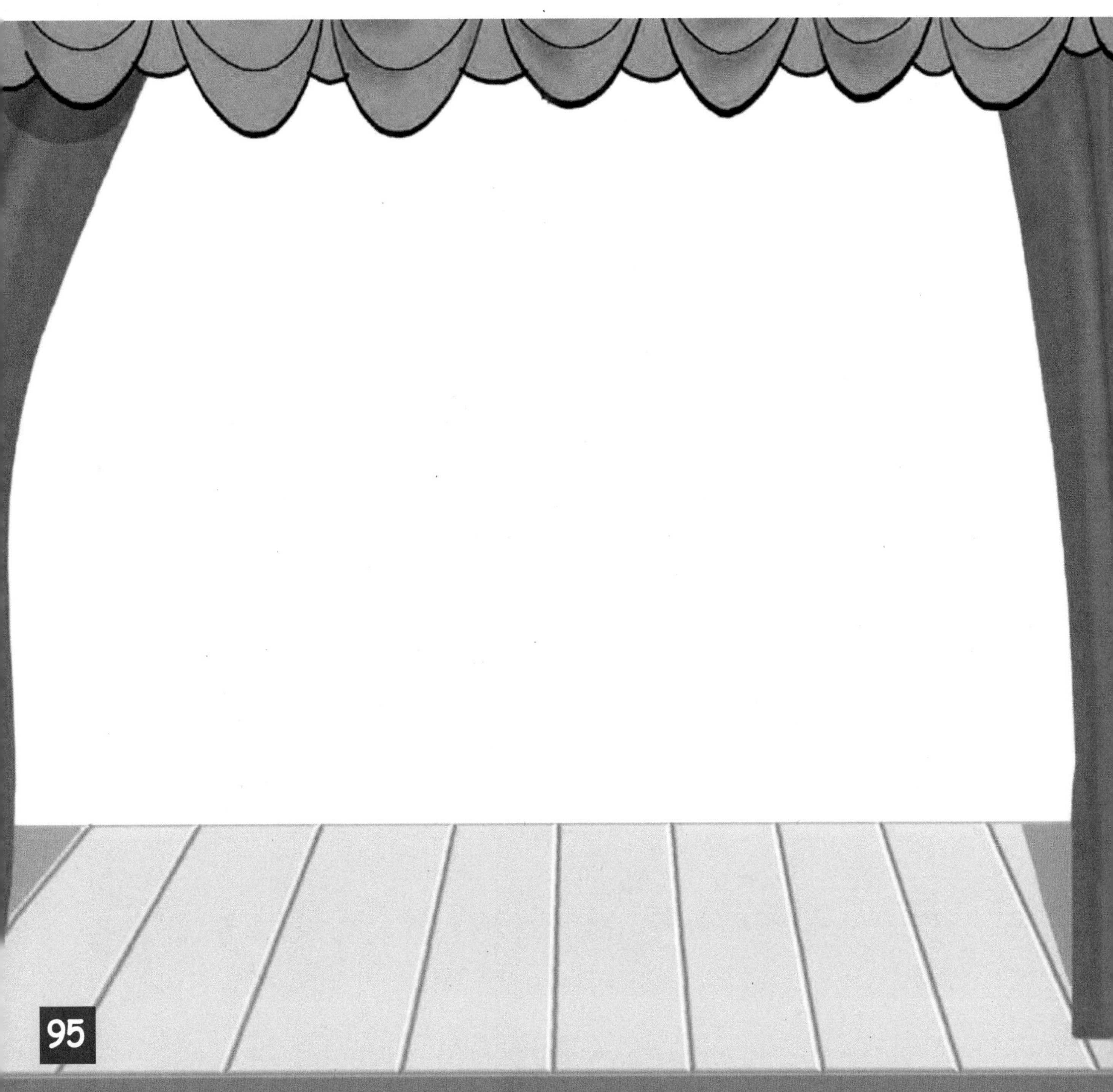

12 **כִּתְבוּ** בִּלְשׁוֹנֵנוּ מִשְׁפָּט לְכָל מִלָּה.

מִתַכְנֶנֶת
בְּעָיָה
יַחְשֹׁד
רִמָּה
יָגִיב

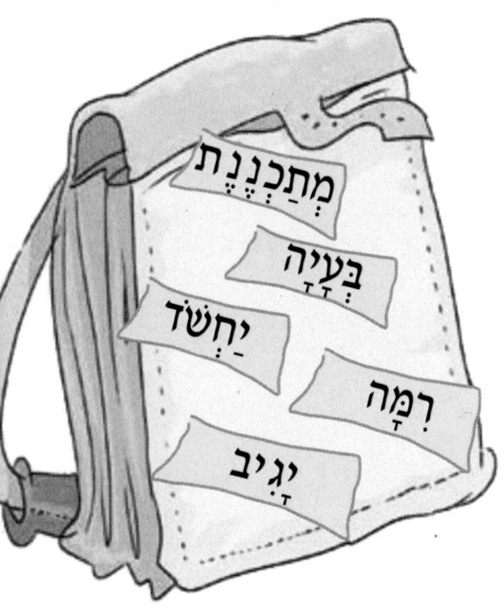

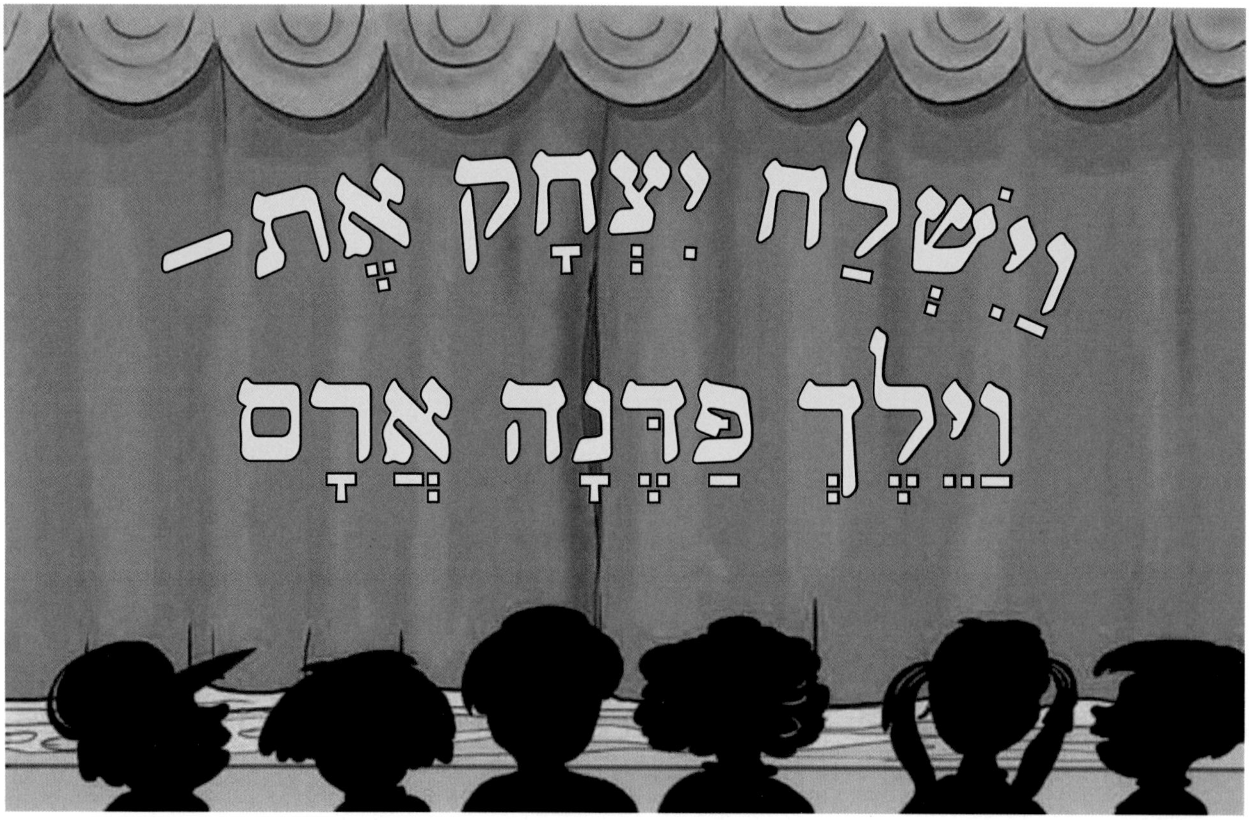

וַיִּשְׁלַח יִצְחָק אֶת-
וַיֵּלֶךְ פַּדֶּנָה אֲרָם